LES BASES

Pour bien débuter en

CRYPTO

Julien Quagliarella

Copyright © 2020 by Quagliarella

All rights reserved, including the right to reproduce this book or portions thereof in any form whatsoever

Quagliarella Julien

Copyright © 2020 by Mr. Quagliarella
All rights reserved, including the right to reproduce this book or portions thereof in any form whatsoever.

Copyright © 2020, Mr. Quagliarella
Tous droits réservés. Toute reproduction même partielle du contenu, de la couverture ou des icônes, par quelque procédé que ce soit (électronique, photocopie, bandes magnétiques ou autre) est interdite sans les autorisations de Mr. Quagliarella.
Le Code de la propriété intellectuelle interdit les copies ou reproductions destinées à une utilisation collective. Toute représentation ou reproduction intégrale ou partielle faite par quelque procédé que ce soit, sans le consentement de l'Auteur ou de ses ayants cause est illicite et constitue une contrefaçon sanctionnée par les articles L335-2 et suivants du Code de la propriété intellectuelle.

Table des matières

Prologue 7
    L'Utilité de ce Livre 10
    Présentation Personnelle 10

Introduction 12
    Pourquoi investir en cryptomonnaie ? 13

Chapitre 1 : Comprendre les Fondamentaux 19
    Qu'est-ce que la Blockchain ? 22
    Qu'est-ce qu'un Projet Crypto ? 23
    Types de cryptomonnaies. 25

Chapitre 2 : Les bases de l'investissement 29
    Principes de l'Investissement en Cryptomonnaie 32
    Etablir un plan d'investissement 38

Chapitre 3 : Sécurité et Gestion des Risques 42
    Sécurité des investissements en cryptomonnaie 44
    Gestion des risques 46

Chapitre 4 : Choisir les Bons Actifs 55
    Comment choisir une cryptomonnaie ? 58
    Tokenomics et Libération des Tokens 64
    Cas pratique de l'Analyse Complète de la Crypto Avalanche 66

Chapitre 5 : Les Plates-formes et les Outils 69
    Où acheter des cryptomonnaies ? 72
    Outils de Suivi et d'Analyse 77

Chapitre 6 : Stratégies d'Investissement Avancées 82
    Investissement à Long Terme versus Trading Actif 84

    Investissement dans les ICO et les IEO 88

    Staking et Yield Farming 94

Chapitre 7 : Aspects Juridiques et Fiscaux 100

    Réglementation des Cryptomonnaies 102

    Fiscalité des Gains en Cryptomonnaies 107

Chapitre 8 : Études de Cas et Témoignages 113

    Témoignages et Stratégies de Différents Investisseurs 116

    Exemples d'Erreurs Courantes et Comment les Éviter 118

Conclusion 122

    Récapitulatif des Meilleures Pratiques 123

    Prévisions et Perspectives Futures 126

ANNEXES 131

    Glossaire des Termes Courants en Cryptomonnaie 133

Prologue

Bienvenue dans ce guide complet sur l'univers fascinant et complexe des cryptomonnaies. Si vous tenez ce livre entre vos mains, c'est que vous êtes prêt à explorer un monde plein d'opportunités, de défis et de découvertes. Mon nom est Julien, j'ai 35 ans, et je suis à la fois un investisseur en cryptomonnaies et un militaire de carrière. Mon esprit combatif et ma discipline de fer, forgés par des années de service, m'ont guidé dans cette aventure unique. Comme vous, je chéris ma famille et je poursuis un objectif commun : atteindre l'indépendance financière.

L'Utilité de ce Livre

Ce livre a été conçu pour vous accompagner dans votre voyage à travers l'écosystème des cryptomonnaies, que vous soyez un novice curieux ou un investisseur chevronné. Il vous fournira des connaissances essentielles, des stratégies éprouvées et des conseils pratiques pour naviguer dans ce domaine en constante évolution.

Comment Utiliser ce Livre

1. **Lisez avec Attention** : Chaque chapitre a été soigneusement structuré pour vous offrir une compréhension approfondie des concepts, des technologies et des stratégies d'investissement en cryptomonnaies. Prenez le temps de lire et de digérer chaque section.
2. **Référez-vous au Glossaire** : Le glossaire à la fin du livre contient des définitions de termes couramment utilisés dans le monde des cryptomonnaies. Lorsque vous rencontrez un terme inconnu, consultez le glossaire pour obtenir une explication claire et concise.
3. **Appliquez les Stratégies** : Ce livre n'est pas seulement théorique. Il contient des conseils pratiques que vous pouvez mettre en œuvre immédiatement. Que vous cherchiez à diversifier votre portefeuille, sécuriser vos actifs ou optimiser votre fiscalité, chaque chapitre vous offre des outils concrets pour réussir.
4. **Participez aux Communautés** : Les cryptomonnaies sont un domaine dynamique et communautaire. Utilisez les références de sites web, forums et communautés présentés dans ce livre pour rester informé et échanger avec d'autres passionnés et experts.

Présentation Personnelle

En tant que militaire de carrière, j'ai appris la valeur de la discipline, de la résilience et de la stratégie. Ces mêmes valeurs m'ont aidé à naviguer dans le monde des cryptomonnaies. Avec une vie de famille bien remplie, je comprends l'importance de la stabilité financière et je m'efforce d'atteindre l'indépendance pour offrir une vie meilleure à mes proches.

Mon parcours dans les cryptomonnaies a été motivé par la volonté de prendre le contrôle de mon avenir financier. Grâce à une approche méthodique et disciplinée, j'ai acquis une expertise que je souhaite partager avec vous à travers ce livre. Mon objectif est de vous armer avec les connaissances et les outils nécessaires pour que vous puissiez également réussir dans ce domaine passionnant.

Ce livre est votre compagnon de route dans le monde des cryptomonnaies. Utilisez-le comme un guide, une référence et une source d'inspiration. Plongez-vous dans chaque chapitre, appliquez les stratégies présentées et ne cessez jamais d'apprendre. Que votre quête d'indépendance financière soit couronnée de succès et que ce livre vous aide à réaliser vos objectifs. Bonne lecture et bonne aventure dans le monde des cryptomonnaies !

Julien, votre guide dans cette exploration financière.

Introduction

Pourquoi investir en cryptomonnaie ?

Salut à toi, cher lecteur ! Si tu es là, c'est sûrement parce que tu as entendu parler des cryptomonnaies et que tu te demandes pourquoi tout le monde en parle autant. Laisse-moi te guider à travers ce monde fascinant et te montrer pourquoi investir en cryptomonnaie pourrait être une excellente idée.

Imagine un monde où tu peux envoyer de l'argent à l'autre bout du globe en quelques minutes, sans passer par une banque ou payer des frais énormes. C'est l'une des merveilles des cryptomonnaies comme le Bitcoin et l'Ethereum. Grâce à une technologie révolutionnaire appelée blockchain, ces transactions sont non seulement rapides mais aussi sécurisées et transparentes. Plus besoin d'intermédiaires encombrants !

Investir en cryptomonnaie peut sembler intimidant au premier abord, mais c'est aussi une incroyable opportunité de diversifier ton portefeuille. Contrairement aux actions ou à l'immobilier, les cryptomonnaies ont une dynamique propre et peuvent te protéger contre l'inflation ou les fluctuations des marchés traditionnels. Et avec les innovations récentes comme la finance décentralisée (DeFi) et les jetons non fongibles (NFT), il y a toujours quelque chose de nouveau à découvrir et à explorer.

Bien sûr, il faut être honnête : investir en cryptomonnaie comporte des risques. Le marché peut être très volatil, et il y a des aspects réglementaires à prendre en compte. Mais ne t'inquiète pas ! Avec un peu de recherche et de prudence, tu peux naviguer ces eaux avec succès. L'important, c'est de bien se renseigner, de rester vigilant et de ne jamais investir plus que ce que tu es prêt à perdre.

Alors, prêt à te lancer dans cette aventure passionnante ? Que tu sois débutant ou déjà un peu familier avec le sujet, comprendre les bases de l'investissement en cryptomonnaie t'aidera à prendre des décisions éclairées. Allez, viens, je t'emmène découvrir pourquoi tant de gens sont fascinés par ce nouvel univers financier !

Aperçu des Opportunités et des Risques

Bienvenue dans cet aperçu passionnant des opportunités et des risques dans le monde captivant des cryptomonnaies. Comme le souligne Robert Kiyosaki, si tu veux réussir financièrement, il est crucial de bien comprendre les marchés et les actifs dans lesquels tu investis. Les cryptomonnaies offrent un terrain fertile pour ceux qui osent explorer au-delà des investissements traditionnels, mais elles demandent aussi une vigilance éclairée face aux défis de ce domaine dynamique. Ce chapitre te guidera à travers les promesses alléchantes et les réalités parfois volatiles des cryptomonnaies, te fournissant ainsi les connaissances essentielles pour naviguer avec confiance dans ce nouvel horizon financier.

Opportunités
Potentiel de Rendement Élevé

- o Les cryptomonnaies ont la réputation de pouvoir offrir des rendements impressionnants. Prenons Bitcoin et Ethereum par exemple : leur valeur a explosé depuis leur création. Si tu arrives à repérer une cryptomonnaie prometteuse avant tout le monde, tu pourrais réaliser des profits considérables.

Diversification du Portefeuille

- Ajouter des cryptomonnaies à ton portefeuille classique (comme des actions ou de l'immobilier) peut t'aider à répartir les risques. Les cryptos réagissent souvent différemment aux événements économiques, ce qui peut te protéger contre certains types de volatilité.

Accessibilité et Liquidité

- Contrairement à d'autres investissements, tu peux acheter et vendre des cryptomonnaies à toute heure du jour et de la nuit, sept jours sur sept. Les plateformes de trading de cryptos fonctionnent en continu, ce qui te permet d'accéder facilement à ce marché.

Technologie et Innovation

- Investir dans les cryptomonnaies, c'est aussi investir dans une technologie de pointe. La blockchain, qui est derrière la plupart des cryptos, propose des innovations incroyables pour les transactions sécurisées, les contrats intelligents et la finance décentralisée (DeFi). De nombreux projets cryptos cherchent à transformer divers secteurs avec leurs solutions innovantes.

Protection Contre l'Inflation

- Certaines cryptomonnaies, comme le Bitcoin, ont une offre limitée, ce qui les rend déflationnistes. Elles peuvent donc te protéger contre l'inflation des monnaies classiques, qui peuvent perdre de la valeur avec le temps.

Risques
Volatilité Élevée

- Les cryptomonnaies sont bien connues pour leur volatilité. Les prix peuvent varier énormément en peu de temps, ce qui peut te faire gagner beaucoup d'argent ou en perdre rapidement. Cette volatilité est souvent causée par des nouvelles économiques, des changements de réglementation, voire des rumeurs sur les réseaux sociaux.

Réglementation et Légalité

- Les lois sur les cryptomonnaies changent souvent. Certains pays peuvent imposer des restrictions ou même interdire les cryptos. Cette incertitude peut affecter la stabilité des prix et la liquidité des cryptos, donc il est important de suivre de près les évolutions légales dans ton pays.

Sécurité et Fraude

- Les plateformes de trading et les portefeuilles de cryptos peuvent être des cibles pour les hackers, ce qui peut entraîner la perte de tes fonds. De plus, il y a pas mal d'escroqueries dans le monde des cryptos. Certains projets frauduleux promettent des rendements irréalistes pour attirer les investisseurs.

Complexité Technologique

- Comprendre la technologie derrière les cryptomonnaies peut être un vrai casse-tête. Il faut souvent avoir des connaissances techniques pour sécuriser tes investissements et utiliser les plateformes de cryptos efficacement. Les erreurs, comme perdre tes clés privées ou envoyer des fonds à la mauvaise adresse, peuvent être irréversibles.

Absence de Protection

- Contrairement aux dépôts bancaires, les investissements en cryptomonnaies ne sont généralement pas protégés par des garanties gouvernementales. En cas de perte ou de vol, il est souvent impossible de récupérer les fonds.

A retenir

Investir dans les cryptomonnaies peut être une aventure excitante, offrant la possibilité de rendements élevés et l'accès à des technologies de pointe. Cependant, cela comporte aussi des risques importants en termes de volatilité, de sécurité et de réglementation. Pour naviguer avec succès dans ce domaine dynamique, il est essentiel d'évaluer soigneusement les opportunités et les risques, et d'adopter une approche bien informée et vigilante.

Histoire des Cryptomonnaies et leurs Évolutions

Prêt pour un petit voyage dans le temps ? Allons découvrir ensemble l'histoire fascinante des cryptomonnaies et comment elles ont évolué pour devenir ce qu'elles sont aujourd'hui. C'est parti !

Les Premiers Pas : Naissance de Bitcoin

Tout commence en 2008, en pleine crise financière mondiale. Un personnage mystérieux, connu sous le pseudonyme de Satoshi Nakamoto, publie un document appelé "white paper" décrivant Bitcoin, une nouvelle forme de monnaie numérique décentralisée. En janvier 2009, le premier bloc de la blockchain Bitcoin, appelé le "genesis block", est miné. Ce fut le début d'une révolution.

L'idée derrière Bitcoin était simple mais révolutionnaire : créer une monnaie qui ne dépend pas des banques ou des gouvernements, et qui permet des transactions directes entre les utilisateurs. Bitcoin utilise une technologie appelée blockchain pour enregistrer toutes les transactions de manière sécurisée et transparente. La blockchain est comme un grand livre public que tout le monde peut consulter mais que personne ne peut falsifier.

L'Émergence d'Ethereum et des Altcoins

Après le succès initial de Bitcoin, d'autres développeurs ont commencé à explorer les possibilités offertes par la blockchain. En 2015, un jeune programmeur nommé Vitalik Buterin lance Ethereum, une plateforme qui va bien au-delà de la simple monnaie. Ethereum permet de créer des "contrats intelligents" (smart contracts), des programmes qui s'exécutent automatiquement lorsque certaines conditions sont remplies. Cela ouvre la porte à une multitude d'applications décentralisées (dApps), allant de la finance à la gestion des chaînes d'approvisionnement.

Avec Ethereum, le monde des cryptomonnaies s'élargit considérablement. De nombreuses autres cryptomonnaies, appelées "altcoins" (alternative coins), voient le jour. Certaines, comme Litecoin, cherchent à améliorer Bitcoin en étant plus rapides ou plus efficaces. D'autres, comme Ripple (XRP), se concentrent sur des cas d'utilisation spécifiques comme les paiements internationaux.

L'Exploration et l'Innovation : DeFi et NFT

Les cryptomonnaies continuent d'évoluer et d'innover. L'un des développements les plus passionnants des dernières années est la finance décentralisée, ou DeFi. La DeFi utilise la technologie blockchain pour recréer des services financiers traditionnels (prêts, épargne, échanges) de manière décentralisée, sans intermédiaires. Imagine pouvoir emprunter ou prêter de l'argent sans passer par une banque, tout en gardant le contrôle total de tes actifs.

Un autre domaine en plein essor est celui des jetons non fongibles, ou NFT. Les NFT sont des objets numériques uniques, souvent utilisés pour représenter des œuvres d'art, des objets de collection, ou même des biens immobiliers virtuels. Ils permettent aux créateurs de monétiser leurs œuvres directement auprès des acheteurs, tout en assurant la provenance et l'authenticité des pièces.

Les Défis et l'Avenir

Bien sûr, tout n'a pas été rose sur le chemin des cryptomonnaies. Elles ont dû faire face à de nombreux défis, notamment en matière de réglementation, de sécurité et de volatilité des prix. Les gouvernements du monde entier cherchent encore comment encadrer ce nouveau secteur sans étouffer l'innovation.

Cependant, malgré ces défis, les cryptomonnaies continuent de gagner en popularité et en adoption. De grandes entreprises commencent à accepter les paiements en Bitcoin, et des pays comme El Salvador ont même adopté Bitcoin comme monnaie légale. Les institutions financières traditionnelles, qui étaient autrefois sceptiques, explorent maintenant activement la blockchain et les cryptomonnaies.

Alors, que nous réserve l'avenir des cryptomonnaies ? Difficile à dire, mais une chose est sûre : elles ont déjà changé la façon dont nous percevons la monnaie et les transactions financières. Et avec l'innovation constante et l'adoption croissante, les cryptomonnaies sont là pour rester.

Chapitre 1 : Comprendre les Fondamentaux

Bienvenue dans la partie dédiée à "Comprendre les Fondamentaux" des cryptomonnaies ! Si tu es ici, c'est que tu cherches à approfondir tes connaissances sur les bases essentielles qui sous-tendent cet univers numérique passionnant. Que tu sois novice dans le domaine ou que tu cherches à consolider tes acquis, comprendre ces fondamentaux est la clé pour naviguer avec confiance dans le monde des cryptomonnaies.

Dans cette section, nous allons explorer ce qu'est réellement une cryptomonnaie et comment fonctionne la technologie blockchain qui les soutient. Nous examinerons également les différents types de cryptomonnaies disponibles sur le marché et leur utilité respective. Comprendre ces concepts te permettra non seulement de saisir l'essence même des cryptomonnaies, mais aussi de prendre des décisions éclairées lors de tes futurs investissements ou de tes transactions.

Prêt à plonger dans les détails ? Car nous allons explorer ensemble les fondamentaux qui font des cryptomonnaies un véritable phénomène mondial. Que ce soit pour ta curiosité personnelle ou pour te préparer à investir, ce voyage promet d'être instructif et enrichissant. Alors, sans plus attendre, explorons ensemble les bases essentielles des cryptomonnaies !

Qu'est-ce que la Blockchain ?

La blockchain est le pilier technologique qui sous-tend la plupart des cryptomonnaies et qui a révolutionné de nombreux secteurs au-delà de la finance. Pour comprendre son fonctionnement, imagine une immense feuille de calcul partagée, accessible à tous et mise à jour en temps réel par des milliers d'ordinateurs à travers le monde. Chaque "bloc" sur cette feuille de calcul contient des informations sur des transactions récentes et est lié de manière sécurisée aux blocs précédents, formant ainsi une chaîne continue de données : d'où le nom de "blockchain" (chaîne de blocs).

Principes Fondamentaux de la Blockchain

1. **Décentralisation** : Contrairement aux systèmes traditionnels où les données sont stockées sur des serveurs centralisés, la blockchain est décentralisée. Cela signifie qu'aucune entité unique ne contrôle la totalité du réseau. Au lieu de cela, la blockchain est répliquée et synchronisée sur des milliers d'ordinateurs (appelés nœuds) à travers le monde.
2. **Sécurité par Cryptographie** : Chaque bloc est sécurisé à l'aide de techniques avancées de cryptographie. Chaque transaction est vérifiée par les nœuds du réseau et ajoutée à un bloc après validation. Une fois qu'un bloc est ajouté à la blockchain, il est quasiment impossible de le modifier sans invalider tous les blocs suivants, ce qui rend la blockchain extrêmement sécurisée contre la falsification et la fraude.
3. **Transparence et Immutabilité** : Toutes les transactions effectuées sur la blockchain sont transparentes et visibles publiquement. Chaque participant peut vérifier l'intégrité de la chaîne et la validité des transactions. Une fois enregistrées, les données sur la blockchain ne peuvent pas être altérées ni effacées, assurant ainsi leur immuabilité.

Applications de la Blockchain

La blockchain ne se limite pas aux transactions financières. Voici quelques applications courantes de cette technologie :

- **Contrats Intelligents (Smart Contracts)** : Ce sont des programmes autonomes qui s'exécutent automatiquement lorsque certaines conditions prédéfinies sont remplies. Ils sont utilisés pour automatiser et sécuriser des accords numériques sans intermédiaire.
- **Supply Chain** : La blockchain est utilisée pour tracer et sécuriser les chaînes d'approvisionnement en enregistrant chaque étape de la production, de la fabrication à la livraison, assurant ainsi la transparence et la traçabilité.

- Santé : Elle permet de sécuriser le partage des données médicales entre différents prestataires de soins tout en garantissant la confidentialité des informations personnelles des patients.
- Votes et Élections : Certains projets de blockchain explorant la possibilité de voter de manière sécurisée et transparente, réduisant ainsi les risques de fraude électorale.

A retenir

En résumé, la blockchain est une technologie révolutionnaire qui offre une manière sécurisée, transparente et décentralisée de traiter et de vérifier les transactions numériques. Elle a le potentiel de transformer divers secteurs en fournissant un niveau de sécurité et de confiance sans précédent. Comprendre ces principes fondamentaux te permettra d'apprécier pleinement le potentiel et les applications de cette technologie innovante dans le monde moderne.

Qu'est-ce qu'un Projet Crypto ?

Un projet crypto, c'est comme une graine d'innovation numérique plantée dans le sol fertile de la blockchain. C'est une initiative audacieuse visant à transformer des idées en réalité numérique, à résoudre des problèmes spécifiques et à ouvrir de nouvelles voies dans le monde numérique.

Les Caractéristiques qui Définissent un Projet Crypto

1. **Objectifs et Utilité :** Chaque projet crypto naît d'une vision claire pour améliorer notre façon d'interagir avec la technologie. Que ce soit pour rendre les transactions plus sûres, développer des systèmes de finance décentralisée (DeFi), ou créer de nouveaux modèles économiques, chaque projet a un objectif précis et une raison d'être.
2. **Technologie de la Blockchain :** Au cœur de chaque projet crypto se trouve la blockchain. C'est comme une toile complexe tissée par des milliers d'ordinateurs à travers le monde, assurant la sécurité, la transparence et l'irréversibilité des transactions. Cette technologie révolutionnaire permet aux projets de fonctionner sans l'intermédiaire des autorités centralisées traditionnelles.
3. **Token ou Cryptomonnaie :** Un projet crypto crée souvent son propre token ou cryptomonnaie. Ces actifs numériques servent de carburant pour l'écosystème du projet, facilitant les transactions, récompenses et droits d'accès aux services offerts.

Les Étapes Clés du Développement d'un Projet Crypto

1. **Conception et Planification :** C'est là que tout commence. Les fondateurs esquissent leur vision dans un livre blanc détaillé, expliquant comment leur projet va changer le monde numérique. Chaque détail compte, de l'architecture technique aux modèles économiques.
2. **Développement de la Technologie :** Ici, les développeurs entrent en action. Ils construisent la blockchain, développent les smart contracts et s'assurent que chaque ligne de code est à la hauteur de la sécurité et de la performance attendues.
3. **Lancement et Élan :** Le moment où tout devient réel. Le projet est lancé, attirant l'attention des investisseurs et des utilisateurs. Le marketing joue un rôle crucial pour faire connaître le projet et susciter l'intérêt.
4. **Adoption et Expansion :** C'est le moment où la communauté prend le relais. L'adoption du projet par les utilisateurs et développeurs est essentielle pour sa croissance. L'équipe continue de développer et d'innover, répondant aux défis et faisant évoluer la plateforme.

Exemples de Projets Crypto Qui Ont Marqué l'Histoire

- **Bitcoin :** La première cryptomonnaie, née pour défier le système monétaire traditionnel en offrant une alternative décentralisée et résistante à la censure.
- **Ethereum :** Le pionnier des smart contracts, permettant aux développeurs de construire des applications décentralisées (dApps) qui fonctionnent de manière autonome et transparente.
- **Uniswap :** Un protocole DeFi qui réinvente les échanges en permettant à quiconque de participer sans avoir besoin d'une plateforme centralisée.
- **Polkadot (DOT) :** Lancé par Gavin Wood, cofondateur d'Ethereum, Polkadot se concentre sur l'interopérabilité entre blockchains. Il vise à créer un écosystème où différentes blockchains peuvent interagir et transférer des données de manière sécurisée et transparente. Polkadot utilise un modèle de consensus innovant appelé "proof of stake" (preuve d'enjeu), qui permet une meilleure efficacité énergétique par rapport au "proof of work".
- **Chainlink (LINK) :** Chainlink se spécialise dans les oracles décentralisés, une technologie qui connecte des données du monde réel à des blockchains. Cela permet aux contrats intelligents d'accéder à des informations externes de manière sécurisée et fiable. Par exemple, Chainlink facilite l'intégration de données de marché en temps réel dans les applications DeFi, améliorant ainsi leur fonctionnalité et leur précision.

A retenir, un projet crypto est bien plus qu'une simple idée. C'est une vision audacieuse et concrète pour remodeler l'avenir numérique à travers la technologie blockchain. Chaque projet apporte son lot d'innovation, de défis et d'opportunités, tout en contribuant à l'évolution rapide de l'économie numérique moderne.

Types de cryptomonnaies.

L'univers des cryptomonnaies est un kaléidoscope fascinant où chaque type d'actif numérique éclaire d'une lumière unique la révolution blockchain. Que ce soit les pionniers comme Bitcoin et Ethereum, les tokens sophistiqués alimentant les contrats intelligents, ou encore les altcoins audacieux défiant les conventions, chaque catégorie de cryptomonnaie incarne une promesse d'innovation et de transformation.

Dans ce monde en constante évolution, comprendre les différences entre les coins et les tokens, explorer le potentiel disruptif des cryptomonnaies majeures comme Bitcoin, Ethereum, et leurs pairs, ainsi que plonger dans la diversité des altcoins, est non seulement une exploration intellectuelle mais aussi une opportunité de saisir les possibilités offertes par la prochaine génération de technologies financières et décentralisées. Préparez-vous à découvrir les facettes multiples et captivantes de cet univers numérique où la confiance en la technologie rencontre l'audace de l'innovation.

Token VS Coin

Lorsqu'on plonge dans l'univers des cryptomonnaies, la distinction entre coin et token devient une évidence fondamentale. Les coins sont comme les pièces maîtresses du jeu, représentant des monnaies numériques autonomes comme Bitcoin ou Litecoin. Ils opèrent sur leurs propres blockchains, offrant des moyens de paiement et de stockage de valeur, tout en conservant une indépendance robuste.

À l'inverse, les tokens sont comme les artisans de l'écosystème crypto, créés sur des blockchains existantes comme Ethereum. Ils ne sont pas conçus pour être des monnaies autonomes, mais plutôt pour représenter des actifs, des droits ou des utilisations spécifiques au sein de projets particuliers. Pensez aux tokens DeFi (finance décentralisée) qui alimentent les plateformes d'échange comme Uniswap (UNI) ou aux tokens utilisés pour déverrouiller des fonctionnalités dans les applications décentralisées (dApps) telles que Chainlink (LINK).

Comprendre cette distinction est essentiel pour naviguer avec assurance dans le monde complexe des cryptomonnaies. Chaque type d'actif numérique a son propre rôle et impact dans l'écosystème blockchain, offrant des possibilités uniques pour les investisseurs, les développeurs et les utilisateurs passionnés par l'innovation financière et technologique.

Les cryptomonnaies majeurs

Les cryptomonnaies majeures comme Bitcoin, Ethereum et d'autres ont non seulement redéfini notre concept de monnaie, mais elles ont également ouvert la voie à de nouvelles possibilités technologiques et économiques. Leur impact dépasse largement le cadre des marchés financiers pour influencer les gouvernements, les entreprises et les individus à travers le monde.

Bitcoin (BTC)

Bitcoin est le pionnier, la première cryptomonnaie créée en 2009 par un mystérieux Satoshi Nakamoto. Conçu pour être une alternative décentralisée aux systèmes monétaires traditionnels, Bitcoin a introduit la technologie blockchain, offrant des transactions peer-to-peer sécurisées et transparentes. En tant que réserve de valeur numérique, BTC est devenu un symbole de liberté financière et de résilience contre les crises économiques.

Ethereum (ETH)

Lancé en 2015 par Vitalik Buterin, Ethereum a révolutionné le paysage des cryptomonnaies en introduisant les smart contracts. Cette fonctionnalité permet aux développeurs de créer des applications décentralisées (dApps) et des protocoles financiers autonomes via sa blockchain. ETH sert également de carburant pour les transactions et les opérations sur la plateforme Ethereum, ouvrant la voie à l'innovation dans des domaines tels que la finance décentralisée (DeFi) et les NFTs (tokens non fongibles).

Ripple (XRP)

Ripple se distingue par son objectif de faciliter les transactions transfrontalières instantanées et à faible coût. Contrairement à Bitcoin et Ethereum, Ripple n'utilise pas de blockchain publique, mais un registre distribué unique appelé le Ripple Consensus Ledger (RCL). XRP, le token de Ripple, est utilisé pour faciliter les transactions sur le réseau et est reconnu pour sa rapidité et son efficacité dans le secteur des paiements internationaux.

Cardano (ADA)

Cardano se démarque par son approche scientifique et axée sur la recherche pour le développement de sa blockchain. Lancé par Charles Hoskinson en 2017, Cardano vise à fournir une plateforme sécurisée et évolutive pour la création de contrats intelligents et d'applications décentralisées. ADA, le token natif de Cardano, alimente les opérations sur la plateforme et est conçu pour être évolutif et interopérable avec d'autres systèmes.

A retenir : Ces cryptomonnaies majeures ne sont pas seulement des innovations technologiques ; elles incarnent des idéaux de décentralisation, de transparence et d'innovation qui façonnent l'avenir financier mondial. Il est essentiel de reconnaître que ces exemples ne sont qu'une partie d'un vaste écosystème comprenant de nombreuses autres cryptomonnaies significatives. En investissant dans ces actifs numériques, non seulement nous participons à une nouvelle ère monétaire, mais nous nous engageons également dans une transformation globale vers un système financier plus inclusif et résilient.

Altcoins et leurs diversités

Lorsque l'on explore l'univers des cryptomonnaies, les altcoins se présentent comme une palette diversifiée de possibilités au-delà des pionniers comme Bitcoin et Ethereum. Ces altcoins, ou "alternative coins", ne se contentent pas de suivre les traces de leurs prédécesseurs ; ils explorent de nouveaux récits et applications au sein de la technologie blockchain.

Principaux Narratifs des Altcoins

Les altcoins se distinguent par leur capacité à incarner divers récits et à explorer de nouveaux horizons au sein de la blockchain. Voici quelques exemples :

- **Gaming et NFTs (Tokens Non Fongibles)** : Certains altcoins se concentrent sur les applications décentralisées dans le secteur du gaming, permettant la création et l'échange de NFTs pour les items de jeu et les actifs virtuels.
- **IA et Big Data** : D'autres altcoins explorent l'intégration de l'intelligence artificielle et de l'analyse de données sur la blockchain, facilitant le traitement sécurisé et transparent des données massives.
- **Finances Décentralisées (DeFi)** : Beaucoup d'altcoins jouent un rôle crucial dans le développement de solutions DeFi, permettant des prêts, des échanges, et d'autres services financiers sans intermédiaire traditionnel.
- **Réseaux de Valeur Mondiale** : Certains altcoins se positionnent comme des outils pour faciliter les paiements transfrontaliers rapides et à faible coût, défiant ainsi les systèmes traditionnels de transfert d'argent.

Innovation et Adoption

Les altcoins ne se contentent pas de diversifier l'écosystème ; ils stimulent également l'innovation à travers des applications novatrices et des cas d'utilisation spécialisés. Leur adoption croissante dans divers secteurs témoigne de leur potentiel à transformer des industries et à introduire de nouvelles normes de transparence, d'efficacité et d'autonomie.

A retenir

En investissant dans les altcoins, nous embrassons une vision audacieuse de l'avenir numérique, où la diversité et l'innovation sont les piliers du changement. Chaque altcoin apporte sa propre contribution à l'évolution de la blockchain, offrant des perspectives uniques pour les investisseurs et les passionnés de technologie. Dans cette quête constante de redéfinition du possible, les altcoins continuent de jouer un rôle crucial en façonnant un monde plus connecté, inclusif et résilient.

Chapitre 2 : Les bases de l'investissement

Dans l'univers des investissements, la compréhension des fondamentaux est la pierre angulaire de toute décision éclairée. Que ce soit dans les actions, les obligations ou les nouvelles avenues comme les cryptomonnaies, Warren Buffett nous rappelle l'importance de ne jamais investir dans quelque chose que l'on ne comprend pas profondément. Ce chapitre est une exploration minutieuse des principes essentiels qui sous-tendent le monde des cryptomonnaies, offrant une perspective rigoureuse pour les investisseurs en quête de clarté et de conviction dans leurs choix.

Principes de l'Investissement en Cryptomonnaie

Dans cet univers en constante évolution, comme le préconisait Napoleon Hill, l'auteur renommé du développement personnel, chaque défi est aussi une opportunité déguisée. La clé du succès réside dans la compréhension approfondie des marchés numériques et des actifs innovants qu'ils offrent. Investir dans les cryptomonnaies ne se résume pas seulement à suivre les tendances, mais à adopter une approche informée et stratégique.

Comme tout investissement, il est essentiel d'être conscient des risques potentiels tout en explorant les opportunités uniques qu'offre ce secteur en plein essor. Ce chapitre te guidera à travers les principes essentiels qui sous-tendent l'investissement en cryptomonnaie, t'offrant ainsi les connaissances nécessaires pour prendre des décisions éclairées et naviguer avec confiance dans ce monde numérique en constante évolution.

Investissement à Long Terme : Bâtir sur les Fondations Solides avec Compréhension des Cycles Cryptos

Investir à long terme dans les cryptomonnaies est une stratégie qui repose sur la compréhension des cycles du marché. Contrairement au trading à court terme, qui se concentre sur les fluctuations quotidiennes des prix, l'investissement à long terme implique de saisir les tendances structurelles et les cycles de marché qui se déploient sur des périodes plus étendues.

Comprendre les Cycles Cryptos :

Les cryptomonnaies sont sujettes à des cycles de marché distincts qui peuvent influencer significativement leur prix et leur adoption. Ces cycles comprennent généralement des phases de boom, de correction et de consolidation :

1. **Phase de Boom :** Pendant cette période, les prix des cryptomonnaies augmentent rapidement, souvent alimentés par un intérêt accru des investisseurs, des annonces de développement technologique ou des événements macroéconomiques. Par exemple, le bull run de 2017 a vu Bitcoin atteindre des sommets historiques proches de 20 000 $, stimulé par l'engouement médiatique et l'intérêt grandissant pour la blockchain.
2. **Phase de Correction :** Après un pic de prix, les cryptomonnaies peuvent subir une correction significative, où les prix chutent de manière substantielle. Cette phase est souvent due à la prise de bénéfices des investisseurs à court terme, aux régulations gouvernementales ou à des ajustements dans le marché global des actifs. Par

exemple, après le pic de 2017, Bitcoin a connu une période de correction prolongée où son prix a chuté jusqu'à environ 3 000 $ en 2018.
3. **Phase de Consolidation :** Cette phase intervient après une correction, où les prix se stabilisent et où se prépare la prochaine phase de croissance. C'est souvent le moment où les projets fondamentaux se renforcent, où les investisseurs institutionnels commencent à s'intéresser et où de nouvelles applications de la technologie blockchain émergent. Cette phase prépare le terrain pour le prochain cycle de boom.

Stratégie de Long Terme :

Investir à long terme dans les cryptomonnaies nécessite une vision stratégique et la capacité de naviguer à travers ces cycles. Voici quelques principes clés à considérer :

- **Patience et Persévérance :** Les cycles cryptos peuvent durer plusieurs années. Il est essentiel de rester patient et de ne pas céder à la panique pendant les phases de correction.
- **Diversification :** Répartir tes investissements sur plusieurs cryptomonnaies solides peut réduire le risque spécifique à un actif et augmenter les chances de profiter des futurs cycles de croissance.
- **Éducation Continue :** Garder une compréhension profonde des technologies sous-jacentes, des développements réglementaires et des tendances du marché est essentiel pour prendre des décisions éclairées.

La DeFi comme Opportunité :

En investissant à long terme, la DeFi (Finance Décentralisée) offre une autre avenue prometteuse. En utilisant des protocoles DeFi pour générer des rendements, prêter des actifs ou participer à des pools de liquidité, les investisseurs peuvent bénéficier de nouvelles opportunités de croissance durable dans l'écosystème crypto. La DeFi apporte des solutions innovantes qui pourraient transformer les services financiers traditionnels, offrant ainsi une diversification et une résilience accrues à ton portefeuille à long terme.

A retenir :

En adoptant une perspective à long terme dans tes investissements en cryptomonnaies, tu peux tirer parti des cycles du marché pour construire patiemment un portefeuille solide. Comprendre et anticiper les phases de boom, de correction et de consolidation te permettra de naviguer avec confiance dans cet espace dynamique. Souviens-toi, dans l'investissement à long terme, la clé du succès réside dans la discipline, la résilience et une vision claire de tes objectifs financiers à long terme.

Trading de cryptomonnaie court terme

Investir à court terme dans les cryptomonnaies, ou le trading de cryptomonnaie, est une entreprise qui nécessite une solide compréhension des principes macroéconomiques et des concepts financiers. Voici une exploration approfondie des défis et des risques associés à cette pratique, en mettant en lumière l'importance des connaissances macroéconomiques et financières :

Risques et Complexité du Trading de Cryptomonnaie :

1. **Volatilité et Risques de Marché :** Les cryptomonnaies sont extrêmement volatiles, ce qui signifie que les prix peuvent fluctuer considérablement en très peu de temps. Cette volatilité peut être influencée par des événements macroéconomiques mondiaux, des annonces réglementaires, ou même des tendances de marché spécifiques. Comprendre ces dynamiques macroéconomiques est essentiel pour anticiper les mouvements de prix et gérer efficacement les risques.
2. **Analyse Technique Avancée :** Le trading de cryptomonnaie repose fortement sur l'analyse technique, qui utilise des outils tels que les graphiques de prix, les indicateurs techniques, et les modèles de marché pour prévoir les tendances futures. Une connaissance approfondie de ces techniques permet aux traders de prendre des décisions informées basées sur des données plutôt que sur des émotions.
3. **Gestion des Risques :** La gestion des risques est cruciale dans le trading de cryptomonnaie pour protéger le capital investi. Cela inclut l'utilisation de stratégies comme les ordres stop-loss pour limiter les pertes potentielles, ainsi que des techniques avancées telles que la diversification du portefeuille et la couverture pour minimiser l'exposition au risque de marché.

4. **Connaissance des Actifs :** Chaque cryptomonnaie a ses propres caractéristiques, utilités et potentiels de marché. Comprendre fondamentalement chaque actif dans lequel on investit est indispensable pour évaluer son potentiel de croissance à court terme et pour ajuster ses stratégies en conséquence.

Importance des Connaissances Macroéconomiques et Financières :

- **Impact des Politiques Économiques :** Les politiques monétaires et fiscales des gouvernements peuvent avoir un impact significatif sur les marchés des cryptomonnaies. Par exemple, les mesures d'assouplissement quantitatif ou les régulations renforcées peuvent influencer la confiance des investisseurs et modifier les tendances de marché.
- **Corrélations avec les Marchés Traditionnels :** Les cryptomonnaies ne sont pas isolées des marchés financiers traditionnels. Les événements sur les marchés des actions, des obligations ou des matières premières peuvent avoir des répercussions sur les cryptomonnaies, créant des opportunités mais aussi des risques de corrélation.
- **Cycle Économique Global :** Comprendre où se situe l'économie mondiale dans son cycle économique, comme une période de croissance robuste ou une récession imminente, peut orienter les décisions d'investissement en cryptomonnaie. Par exemple, les périodes de crise économique peuvent augmenter la demande pour des actifs numériques en tant que refuge de valeur, tout en accentuant la volatilité du marché.

A retenir, le trading de cryptomonnaie à court terme exige une expertise approfondie en macroéconomie et en finance pour naviguer avec succès dans un environnement aussi complexe et dynamique. Les traders qui investissent dans leur éducation et qui comprennent les interactions entre les marchés mondiaux sont mieux préparés pour tirer parti des opportunités tout en gérant les risques inhérents à ce secteur en évolution rapide.

L'analyse Technique

L'analyse technique est une discipline essentielle dans le domaine du trading de cryptomonnaies, où les décisions d'achat et de vente sont guidées par l'examen des graphiques de prix et des données historiques plutôt que par des facteurs fondamentaux. Voici une exploration approfondie de cette pratique, mettant en lumière son importance et ses principes clés :

Principes de l'Analyse Technique :

1. **Graphiques de Prix :** L'analyse technique commence par l'étude des graphiques de prix des cryptomonnaies. Ces graphiques affichent le prix historique d'une cryptomonnaie sur différentes périodes de temps (par exemple, 1 heure, 4 heures, 1 jour, etc.). L'objectif est d'identifier les tendances, les niveaux de support et de

résistance, ainsi que les modèles récurrents qui peuvent indiquer des opportunités de trading.
2. **Indicateurs Techniques :** Les traders utilisent une variété d'indicateurs techniques pour affiner leurs analyses. Ces indicateurs incluent les moyennes mobiles, les bandes de Bollinger, le RSI (Relative Strength Index), le MACD (Moving Average Convergence Divergence), et bien d'autres. Chacun de ces outils offre des perspectives différentes sur la force du marché, la volatilité et les niveaux de surachat ou de survente.
3. **Modèles de Chandelier Japonais :** Les modèles de chandelier japonais, tels que les marubozus, les dojis, et les étoiles du matin, fournissent des informations sur le sentiment du marché et les éventuels retournements de tendance. Ces modèles sont largement utilisés pour anticiper les mouvements futurs des prix.
4. **Volume des Échanges :** Le volume des échanges est un indicateur clé en analyse technique. Il mesure la quantité de cryptomonnaie échangée sur une période donnée. Un volume élevé peut indiquer un fort intérêt pour un actif et confirmer les mouvements de prix, tandis qu'un volume faible peut signaler une faible participation des traders et une incertitude sur le marché.

Application Pratique :

L'analyse technique nécessite à la fois compétence et intuition pour interpréter correctement les données et prendre des décisions éclairées. Voici quelques principes essentiels à garder à l'esprit :

- **Patience et Discipline :** L'analyse technique demande de la patience pour attendre la confirmation des signaux avant d'entrer ou de sortir d'une position. La discipline est nécessaire pour suivre un plan de trading préétabli malgré les fluctuations du marché.
- **Adaptabilité :** Les marchés des cryptomonnaies sont dynamiques et peuvent évoluer rapidement. Les traders doivent être prêts à ajuster leurs analyses en fonction des nouvelles informations et des changements de sentiment du marché.
- **Formation Continue :** Comme toute compétence, l'analyse technique s'améliore avec la pratique et l'étude continue. Les traders réussis investissent du temps dans leur éducation, en explorant de nouveaux outils et en affinant leurs stratégies en fonction des conditions actuelles du marché.

En conclusion, l'analyse technique est une pierre angulaire du trading de cryptomonnaies, offrant aux traders la possibilité de prendre des décisions informées basées sur des données historiques et des modèles de marché. Avec une compréhension approfondie des graphiques de prix, des indicateurs techniques et des tendances du marché, les traders peuvent augmenter leurs chances de succès tout en naviguant dans ce domaine complexe et volatile.

A savoir : Investir selon la méthode du DCA (Dollar Cost Averaging) et adopter une approche passive réduisent souvent la dépendance à l'analyse technique pure. Dans ces stratégies, l'accent est davantage mis sur la constance des investissements périodiques plutôt que sur la spéculation à court terme basée sur les fluctuations des prix. Cependant, même dans un cadre de DCA, l'analyse technique peut jouer un rôle pour ajuster les périodes d'achat en fonction des tendances à plus long terme observées sur les graphiques de prix.

L'analyse fondamentale

L'analyse fondamentale en cryptomonnaie s'articule autour de l'évaluation des facteurs intrinsèques qui influencent la valeur d'un actif numérique. Contrairement à l'analyse technique qui se concentre sur les mouvements de prix passés et les modèles de marché, l'analyse fondamentale examine les aspects économiques, technologiques et communautaires qui sous-tendent une cryptomonnaie spécifique. Voici une exploration approfondie de cette méthode d'analyse :

Principes de l'Analyse Fondamentale :

1. **Technologie et Cas d'Utilisation :** La première étape de l'analyse fondamentale consiste à évaluer la technologie sous-jacente de la cryptomonnaie. Cela inclut la compréhension de son protocole de consensus (comme le Proof-of-Work ou le Proof-of-Stake), sa scalabilité, sa sécurité et sa capacité à répondre aux besoins spécifiques du marché qu'elle vise à servir.
2. **Équipe de Développement :** La compétence et l'expérience de l'équipe de développement sont cruciales pour le succès à long terme d'une cryptomonnaie. L'analyse fondamentale examine les antécédents des développeurs, leur capacité à innover et à résoudre les défis techniques, ainsi que leur engagement envers le projet sur le long terme.
3. **Adoption et Utilisation :** L'adoption de la cryptomonnaie dans le monde réel et son utilisation dans des applications concrètes sont des facteurs déterminants. Cela inclut l'examen des partenariats avec des entreprises et des institutions, ainsi que l'intégration de la cryptomonnaie dans des plateformes et des services existants.
4. **Aspects Économiques :** L'analyse fondamentale prend également en compte des facteurs économiques tels que l'offre et la demande sur le marché, l'inflation ou la déflation programmée de l'offre de la cryptomonnaie, et la manière dont ces éléments peuvent influencer sa valeur à long terme.

5. **Tokenomics :** La tokenomics se réfère à l'économie d'un token numérique, incluant la façon dont il est émis, utilisé et valorisé dans un projet blockchain. Cela comprend la gestion de l'offre, la demande, et les incitations pour les participants de l'écosystème.

Application de l'Analyse Fondamentale :

- **Évaluation à Long Terme :** Contrairement au trading à court terme, l'analyse fondamentale est souvent utilisée pour évaluer le potentiel de croissance à long terme d'une cryptomonnaie. Elle aide les investisseurs à identifier les projets solides ayant une valeur fondamentale durable et à éviter ceux qui peuvent être surévalués ou manquer de soutien fondamental.
- **Contexte Macroéconomique :** Comprendre le contexte macroéconomique et les tendances globales est essentiel en analyse fondamentale. Les politiques monétaires, les régulations gouvernementales et les développements technologiques plus larges peuvent tous avoir un impact significatif sur la valeur et l'adoption des cryptomonnaies.
- **Analyse Comparative :** Comparer plusieurs cryptomonnaies concurrentes sur la base de critères fondamentaux permet aux investisseurs de faire des choix éclairés. Cela inclut la comparaison des cas d'utilisation, des équipes de développement, de l'adoption du marché et des perspectives de croissance.

A retenir, l'analyse fondamentale offre une perspective complémentaire à l'analyse technique dans le domaine des cryptomonnaies. Elle permet aux investisseurs de prendre des décisions informées en évaluant les fondamentaux économiques, technologiques et communautaires d'un projet, tout en tenant compte des tendances macroéconomiques et des développements à long terme dans l'écosystème des cryptomonnaies.

Etablir un plan d'investissement

Pour réussir dans l'investissement en cryptomonnaies, établir un plan structuré est essentiel. Cela implique de définir clairement vos objectifs financiers, votre tolérance au risque et les stratégies spécifiques que vous allez suivre. Comme le souligne Napoleon Hill dans "Réfléchissez et devenez riche", un plan d'investissement bien conçu vous aide à rester discipliné et à naviguer efficacement dans un marché aussi dynamique et complexe que celui des cryptomonnaies.

Définir ses objectifs financiers

Définir ses objectifs financiers en matière d'investissement en cryptomonnaies est crucial pour orienter vos décisions et stratégies. Voici comment aborder cette étape de manière réfléchie et structurée, en tenant compte également de votre profil d'investisseur :

1. **Clarté et Spécificité :** Commencez par définir clairement ce que vous souhaitez accomplir financièrement grâce à vos investissements en cryptomonnaies. Cela pourrait inclure des objectifs à court terme, comme générer un revenu supplémentaire, ou des objectifs à long terme, tels que constituer un patrimoine pour la retraite.
2. **Établissement d'un Horizon Temporel :** Fixez une période de temps pour atteindre chacun de vos objectifs. Les cryptomonnaies étant connues pour leur volatilité, déterminez si vos objectifs sont à court terme (moins d'un an), à moyen terme (1 à 5 ans) ou à long terme (plus de 5 ans). Cela vous aidera à choisir les cryptomonnaies et les stratégies d'investissement appropriées.
3. **Quantification des Objectifs :** Soyez précis dans la quantification de vos objectifs financiers. Par exemple, déterminez le montant exact que vous souhaitez atteindre ou le pourcentage de retour sur investissement que vous visez. Cette précision vous permettra de mesurer votre progression et d'ajuster vos stratégies au besoin.
4. **Alignement avec vos Valeurs et Priorités :** Assurez-vous que vos objectifs financiers en cryptomonnaies sont alignés avec vos valeurs personnelles et vos priorités de vie. Considérez ce qui est le plus important pour vous : la sécurité financière, l'indépendance, la croissance du capital, ou encore la contribution à des causes sociales ou environnementales.
5. **Profil d'Investisseur :** Prenez également en compte votre profil d'investisseur, qui peut être conservateur, modéré ou agressif. Cela déterminera votre tolérance au risque et votre capacité à supporter les fluctuations du marché des cryptomonnaies. Votre profil d'investisseur influence directement les choix de cryptomonnaies et les stratégies que vous adoptez pour atteindre vos objectifs financiers.
6. **Flexibilité et Révision :** Gardez à l'esprit que vos objectifs financiers peuvent évoluer avec le temps et les circonstances. Restez flexible pour ajuster votre plan d'investissement en fonction des nouvelles informations et des changements sur les marchés des cryptomonnaies.

En définissant clairement vos objectifs financiers et en tenant compte de votre profil d'investisseur, vous vous donnez les bases solides nécessaires pour prendre des décisions d'investissement éclairées et pour maximiser vos chances de succès dans le domaine des cryptomonnaies.

Calculer le budget d'investissement

Calculer votre budget d'investissement en cryptomonnaies nécessite une approche réfléchie et personnalisée. Tout d'abord, évaluez votre situation financière globale et identifiez les fonds disponibles que vous pouvez confortablement investir sans compromettre vos obligations financières essentielles. Cela peut inclure un montant fixe ou un pourcentage de vos revenus mensuels, adapté à votre capacité à prendre des risques et à votre horizon d'investissement.

Ensuite, considérez votre profil d'investisseur et votre tolérance au risque. Si vous êtes plus conservateur, vous pourriez opter pour un budget plus modeste et diversifié sur des cryptomonnaies établies comme Bitcoin ou Ethereum. En revanche, si vous avez une appétence pour le risque plus élevée, vous pourriez être enclin à allouer une plus grande partie de votre budget à des altcoins prometteurs mais plus volatils.

Il est également crucial d'inclure une marge de sécurité dans votre budget d'investissement. Les marchés des cryptomonnaies peuvent être extrêmement volatils, et il est sage de prévoir des réserves pour faire face à d'éventuelles fluctuations de prix. Cette approche vous permet de minimiser les impacts financiers en cas de mouvements soudains du marché.

Enfin, réévaluez régulièrement votre budget d'investissement en fonction des changements dans votre situation personnelle et des conditions du marché. Ajustez vos allocations si nécessaire pour refléter vos objectifs actualisés et pour maximiser vos chances de succès à long terme dans l'investissement en cryptomonnaies.

Diversification

La diversification du portefeuille est une stratégie essentielle à la fois dans le domaine des cryptomonnaies et dans celui de la finance traditionnelle. Elle consiste à répartir vos investissements sur différents actifs afin de réduire le risque global et d'optimiser les rendements potentiels. Voici comment cette approche s'applique spécifiquement aux cryptomonnaies et plus largement dans la finance :

Dans le Domaine des Cryptomonnaies :

1. **Réduction du Risque Spécifique :** Investir dans plusieurs cryptomonnaies plutôt que dans une seule permet de réduire l'exposition à un actif particulier. Étant donné la volatilité élevée des cryptomonnaies, une diversification bien pensée peut atténuer les pertes potentielles dues à la sous-performance d'une seule cryptomonnaie.

2. **Exposition à Divers Secteurs :** Les cryptomonnaies couvrent une gamme diversifiée de secteurs et de cas d'utilisation, tels que les finances décentralisées (DeFi), les jeux numériques, les solutions de chaîne d'approvisionnement, etc. Diversifier votre portefeuille de cryptomonnaies vous permet d'exploiter les opportunités de croissance dans différents secteurs émergents.
3. **Performance Comparative :** Comparativement à la finance traditionnelle, le marché des cryptomonnaies peut être plus volatile et moins prévisible. La diversification peut aider à atténuer cette volatilité tout en maximisant les chances de profiter des opportunités de croissance à long terme dans le domaine des technologies blockchain et des actifs numériques.

Dans le Domaine de la Finance Traditionnelle :

1. **Répartition entre Différents Actifs :** En dehors des cryptomonnaies, la diversification dans la finance traditionnelle implique généralement d'investir dans un mélange d'actions, d'obligations, d'immobilier et de liquidités. Cette stratégie vise à équilibrer les rendements et à réduire le risque global du portefeuille.
2. **Gestion du Risque et de la Volatilité :** Les actifs financiers réagissent différemment aux événements économiques et aux cycles de marché. Une diversification appropriée permet de minimiser l'impact des fluctuations économiques et de réduire la volatilité du portefeuille global.
3. **Objectifs de Long Terme :** Dans la finance traditionnelle, la diversification est souvent utilisée pour atteindre des objectifs financiers à long terme tels que la retraite, l'éducation des enfants ou la constitution d'un patrimoine familial. Cela implique de choisir des actifs qui correspondent à vos besoins de liquidité, de croissance du capital et de préservation du capital.

A retenir, que ce soit dans le domaine des cryptomonnaies ou dans celui de la finance traditionnelle, la diversification du portefeuille est une stratégie fondamentale pour gérer le risque et optimiser les rendements. Elle nécessite une analyse approfondie de vos objectifs financiers, de votre tolérance au risque et des opportunités offertes par différents actifs, afin de construire un portefeuille robuste et adapté à vos besoins spécifiques.

Chapitre 3 : Sécurité et Gestion des Risques

Bienvenue dans le chapitre 3, où nous entrons dans l'arène impitoyable de la sécurité et de la gestion des risques dans le monde des cryptomonnaies. Ici, chaque transaction est une partie de poker haute-stakes, où le moindre faux pas peut signifier la différence entre une victoire majeure et une défaite désastreuse. Les cryptonautes avisés savent que la prudence et la vigilance sont les clés pour naviguer à travers les vagues tumultueuses du marché numérique. Nous explorerons les stratégies pour protéger vos actifs contre les prédateurs cybernétiques et éviter les pièges sournois qui peuplent ce paysage financier sans pitié. Préparez-vous à jouer gros et à maîtriser les règles du jeu pour assurer la sécurité de vos investissements dans cette jungle numérique.

Sécurité des investissements en cryptomonnaie

La sécurité des investissements en cryptomonnaie est une préoccupation primordiale dans un domaine où la technologie et la finance se rencontrent de manière inédite. Protéger ses actifs numériques contre les cybermenaces et les risques inhérents aux plateformes d'échange est essentiel pour tout investisseur avisé

Stockage sécurisé : wallets (portefeuilles) froids et chauds

Le stockage sécurisé des cryptomonnaies est une étape cruciale pour tout investisseur souhaitant protéger ses actifs numériques contre les cyberattaques et les risques de piratage. Deux options principales s'offrent aux détenteurs de cryptomonnaies : les wallets froids (cold wallets) et les wallets chauds (hot wallets).

Wallets Chauds

Les wallets chauds, également connus sous le nom de wallets en ligne, sont des applications ou des plateformes connectées à Internet. Ils offrent un accès rapide et facile à vos cryptomonnaies, ce qui les rend idéaux pour des transactions fréquentes ou un accès instantané à vos fonds. Cependant, cette accessibilité accrue comporte également des risques plus élevés en matière de sécurité. Les wallets chauds sont plus vulnérables aux attaques de piratage en ligne, telles que les logiciels malveillants et les phishing, qui visent à voler vos clés privées et à compromettre vos fonds. Il est essentiel de choisir des wallets chauds réputés, sécurisés par des mesures robustes telles que l'authentification à deux facteurs (2FA) et la gestion rigoureuse des mots de passe.

Wallets Froids

Les wallets froids sont des dispositifs physiques déconnectés d'Internet, conçus spécifiquement pour maximiser la sécurité des cryptomonnaies. Ils stockent vos clés privées hors ligne, ce qui les protège efficacement contre les cyberattaques. Les wallets froids existent sous forme de clés USB, de dispositifs matériels spécialisés ou même sous forme de papier (paper wallets). Bien que moins pratiques pour les transactions fréquentes en raison de leur nature déconnectée, les wallets froids offrent une sécurité maximale pour les investisseurs cherchant à sécuriser leurs fonds à long terme.

Choix et Bonnes Pratiques

Le choix entre un wallet chaud et un wallet froid dépend de vos besoins spécifiques en matière d'accès et de sécurité. Pour une utilisation quotidienne et un accès facile à vos fonds, un wallet chaud peut convenir, à condition d'adopter des pratiques de sécurité strictes. Pour une sécurité maximale et une conservation à long terme, un wallet froid est recommandé. En outre, il est crucial de sauvegarder régulièrement vos clés privées, de maintenir à jour les logiciels de sécurité et d'éviter de stocker de grandes quantités de cryptomonnaies sur des plateformes d'échange non sécurisées.

Authentification à deux facteurs (2FA) et autres mesures de sécurité

L'authentification à deux facteurs (2FA) et d'autres mesures de sécurité sont des éléments essentiels pour renforcer la sécurité des investissements en cryptomonnaie. Voici comment ces mesures contribuent à protéger vos actifs numériques :

Authentification à Deux Facteurs (2FA)

L'authentification à deux facteurs est une méthode de sécurité qui ajoute une couche supplémentaire de protection au-delà du simple mot de passe. Elle nécessite généralement deux éléments pour accéder à un compte : quelque chose que vous savez (votre mot de passe) et quelque chose que vous possédez (un code généré par une application d'authentification sur votre téléphone, par exemple). Cette combinaison rend beaucoup plus difficile pour les pirates informatiques de compromettre votre compte, même s'ils parviennent à obtenir votre mot de passe.

Mesures de Sécurité Complémentaires

Outre l'authentification à deux facteurs, il existe d'autres mesures importantes pour renforcer la sécurité de vos cryptomonnaies :

1. **Sécurité Physique :** Gardez vos appareils sécurisés physiquement et protégez-les contre le vol ou l'accès non autorisé.
2. **Mots de Passe Forts :** Utilisez des mots de passe complexes et uniques pour chaque compte lié à vos cryptomonnaies, et changez-les régulièrement.
3. **Sauvegarde des Clés Privées :** Sauvegardez vos clés privées de manière sécurisée et hors ligne. Ne les partagez jamais en ligne ou avec des tiers non fiables.

4. **Mises à Jour et Sécurité Logicielle :** Assurez-vous que votre logiciel de gestion de cryptomonnaies est à jour avec les derniers correctifs de sécurité. Évitez d'utiliser des logiciels obsolètes ou non sécurisés.
5. **Vérification des Transactions :** Avant de valider une transaction, vérifiez attentivement les détails pour éviter toute erreur ou toute tentative de phishing.

Importance de la Sécurité

La sécurité est cruciale dans l'écosystème des cryptomonnaies, où les transactions sont irréversibles et où les actifs numériques sont souvent la cible de cyberattaques sophistiquées. En adoptant des mesures de sécurité robustes comme l'authentification à deux facteurs et en suivant les bonnes pratiques recommandées, vous pouvez réduire considérablement les risques de perte de fonds et protéger efficacement vos investissements à long terme.

En résumé, l'authentification à deux facteurs et d'autres mesures de sécurité jouent un rôle crucial pour sécuriser vos cryptomonnaies contre les menaces en ligne. En combinant des pratiques de sécurité rigoureuses avec une vigilance constante, vous pouvez maximiser la protection de vos actifs numériques dans un environnement numérique toujours en évolution.

Gestion des risques

Bienvenue dans le chapitre dédié à la gestion des risques, un aspect fondamental pour naviguer sereinement dans l'univers des cryptomonnaies. Imagine que vous êtes un explorateur audacieux, prêt à s'aventurer sur les pentes d'un volcan majestueux. Comme toute expédition volcanique, l'investissement en cryptomonnaies peut offrir des panoramas à couper le souffle et des opportunités extraordinaires. Cependant, il comporte également des dangers cachés et des éruptions imprévisibles qui peuvent transformer votre ascension en une descente tumultueuse.

Pour maîtriser cet environnement volatil, vous devez vous équiper des meilleures techniques de gestion des risques, telles que la diversification de votre portefeuille, l'utilisation de stops loss, et la compréhension approfondie des fluctuations du marché. Ainsi, tout comme un vulcanologue expérimenté anticipe les signes d'une éruption imminente, vous apprendrez à identifier et à atténuer les menaces avant qu'elles ne se manifestent. Embarquons ensemble dans cette aventure où la préparation et la prudence seront vos meilleurs alliés pour gravir les sommets sans vous brûler.

Evaluation des risques associés aux cryptomonnaies

L'évaluation des risques associés aux cryptomonnaies est une étape cruciale pour tout investisseur souhaitant naviguer dans ce marché volatil. Comme pour toute entreprise, comprendre les dangers potentiels et se préparer en conséquence peut faire la différence entre le succès et l'échec. Voici un aperçu détaillé des principaux risques auxquels vous pourriez être confronté et comment les évaluer efficacement :

1. Volatilité du Marché

Les cryptomonnaies sont notoirement volatiles. Les prix peuvent fluctuer de manière spectaculaire en l'espace de quelques heures ou jours, entraînant des gains ou des pertes importants. Pour évaluer ce risque :

- **Analyse Historique :** Étudiez les fluctuations passées des cryptomonnaies. Comprendre les cycles de marché, tels que les bulles et les krachs, peut vous aider à anticiper les mouvements futurs.
- **Indicateurs Techniques :** Utilisez des outils d'analyse technique pour identifier les tendances et les niveaux de support et de résistance. Cela peut vous aider à prendre des décisions éclairées sur l'entrée et la sortie du marché.

2. Risque Réglementaire

Les réglementations autour des cryptomonnaies varient considérablement d'un pays à l'autre et peuvent changer rapidement. Les gouvernements peuvent imposer des restrictions ou des interdictions, affectant ainsi la valeur et la liquidité des cryptomonnaies.

- **Surveillance des Actualités :** Restez informé des changements réglementaires dans les juridictions pertinentes. Utilisez des sources fiables pour suivre les développements législatifs.
- **Évaluation Juridique :** Considérez la légalité des cryptomonnaies dans votre pays de résidence et dans les marchés où vous envisagez d'investir. Consultez un conseiller juridique spécialisé en cryptomonnaies si nécessaire.

3. Sécurité et Piratage

Les plateformes d'échange de cryptomonnaies et les portefeuilles peuvent être des cibles pour les cybercriminels. Les piratages peuvent entraîner des pertes de fonds importantes.

- **Sécurité des Plateformes :** Choisissez des plateformes d'échange réputées avec des mesures de sécurité robustes, telles que l'authentification à deux facteurs (2FA) et le stockage des fonds en cold wallets.
- **Mesures Personnelles :** Utilisez des portefeuilles matériels pour stocker vos cryptomonnaies à long terme et assurez-vous que vos clés privées restent sécurisées et hors ligne.

4. Risque de Liquidité

Certaines cryptomonnaies peuvent avoir une liquidité limitée, ce qui signifie que vous pourriez avoir des difficultés à acheter ou vendre vos actifs rapidement sans affecter le prix du marché.

- **Volume de Trading :** Évaluez le volume de trading des cryptomonnaies dans lesquelles vous souhaitez investir. Les actifs avec un volume élevé sont généralement plus liquides.
- **Ordres Limites :** Utilisez des ordres limites pour contrôler le prix auquel vos transactions sont exécutées, minimisant ainsi l'impact de la faible liquidité sur vos investissements.

5. Risque Technologique

Les cryptomonnaies reposent sur des technologies complexes, telles que la blockchain. Des bugs, des failles de sécurité ou des problèmes techniques peuvent affecter leur fonctionnement.

- **Audit des Codes :** Investissez dans des projets qui ont été audités par des tiers pour vérifier la sécurité et l'intégrité de leur code.
- **Communauté et Développement :** Examinez l'engagement et la compétence de la communauté de développeurs derrière la cryptomonnaie. Un projet avec une communauté active et compétente est plus susceptible de résoudre rapidement les problèmes techniques.

6. Risque de Fraude et d'Escroquerie

Le marché des cryptomonnaies est encore jeune et peut être sujet à des projets frauduleux et à des arnaques.

- **Due Diligence :** Effectuez des recherches approfondies sur les projets avant d'investir. Vérifiez les antécédents de l'équipe de développement, l'objectif du projet, et les avis de la communauté.

- **Red Flags :** Soyez prudent avec les projets qui promettent des rendements élevés sans risques, qui manquent de transparence, ou qui ne fournissent pas de feuille de route claire.

A retenir : évaluer les risques associés aux cryptomonnaies demande une vigilance constante et une analyse approfondie. En comprenant les différents types de risques et en prenant des mesures pour les atténuer, vous pouvez naviguer plus sereinement dans ce marché dynamique et potentiellement lucratif.

Techniques pour minimiser les pertes

Minimiser les pertes est un aspect fondamental de la gestion des risques dans le domaine des cryptomonnaies. Alors que le potentiel de gain peut être attractif, il est crucial d'adopter des stratégies pour protéger votre capital contre les fluctuations du marché et les imprévus. Voici quelques techniques éprouvées pour réduire les risques et minimiser les pertes :

1. Diversification

La diversification consiste à répartir vos investissements entre différentes cryptomonnaies et classes d'actifs pour réduire le risque global. En diversifiant, vous ne mettez pas tous vos œufs dans le même panier.

- **Différentes Cryptomonnaies :** Investissez dans une variété de cryptomonnaies (Bitcoin, Ethereum, altcoins) pour ne pas dépendre de la performance d'un seul actif.
- **Autres Classes d'Actifs :** Intégrez d'autres types d'investissements comme les actions, les obligations, et l'immobilier pour équilibrer votre portefeuille.

2. Utilisation des Stops-Loss

Les stops-loss sont des ordres prédéfinis que vous placez avec votre courtier pour vendre une cryptomonnaie lorsque son prix atteint un certain niveau. Cela permet de limiter vos pertes en cas de baisse significative du marché.

- **Placement Stratégique :** Placez des stops-loss à des niveaux clés, basés sur votre analyse technique ou fondamentale.
- **Revue Régulière :** Ajustez régulièrement vos stops-loss en fonction des conditions du marché et des performances de votre portefeuille.

3. Pratique du Dollar-Cost Averaging (DCA)

Le Dollar-Cost Averaging (DCA) est une stratégie d'investissement qui consiste à investir une somme fixe d'argent à intervalles réguliers, quelle que soit la fluctuation des prix des cryptomonnaies.

- **Réduction des Risques :** Le DCA réduit l'impact des fluctuations du marché en moyenne sur le coût d'achat de vos investissements.
- **Investissement Régulier :** Engagez-vous à investir régulièrement (mensuellement, hebdomadairement), ce qui peut conduire à une meilleure gestion des risques sur le long terme.

4. Allocation d'Actifs

L'allocation d'actifs implique de répartir vos investissements entre différents types d'actifs en fonction de vos objectifs financiers, de votre tolérance au risque et de votre horizon d'investissement.

- **Équilibrage :** Maintenez un équilibre entre des actifs plus volatils (comme certaines cryptomonnaies) et des actifs plus stables (comme les obligations ou l'immobilier).
- **Révision Périodique :** Ajustez votre allocation en fonction des performances des actifs et de l'évolution de vos objectifs financiers.

5. Recherche et Formation Continue

Investir du temps dans la recherche et l'apprentissage continus est essentiel pour rester informé des tendances du marché, des nouvelles technologies et des stratégies d'investissement.

- **Actualités du Marché :** Suivez les actualités et les développements du marché des cryptomonnaies pour anticiper les mouvements de prix.
- **Éducation :** Participez à des webinaires, des cours en ligne, et lisez des livres et des articles sur les cryptomonnaies et l'investissement.

6. Limitation de l'Exposition

Fixez une limite à l'exposition de votre portefeuille aux cryptomonnaies pour éviter d'être trop vulnérable à leur volatilité.

- **Pourcentage Fixe :** Définissez un pourcentage maximal de votre portefeuille total que vous êtes prêt à allouer aux cryptomonnaies.
- **Réévaluation :** Revoyez régulièrement cette allocation pour vous assurer qu'elle reste alignée avec vos objectifs et votre tolérance au risque.

7. Utilisation de Portefeuilles Sécurisés

Assurez-vous que vos cryptomonnaies sont stockées de manière sécurisée pour éviter les pertes dues au piratage.

- **Cold Wallets :** Utilisez des cold wallets (portefeuilles hors ligne) pour stocker la majorité de vos actifs en sécurité.
- **Hot Wallets Sécurisés :** Pour les fonds nécessaires aux transactions fréquentes, utilisez des hot wallets avec des mesures de sécurité robustes, comme l'authentification à deux facteurs (2FA).

8. Surveillance et Ajustements Continus

Surveillez en permanence vos investissements et soyez prêt à ajuster vos stratégies en fonction des conditions du marché et de vos performances.

- **Alertes de Marché :** Configurez des alertes pour être informé des changements de prix significatifs.
- **Réévaluation :** Effectuez des bilans réguliers de votre portefeuille pour ajuster vos stratégies et rééquilibrer vos investissements si nécessaire.

A retenir, minimiser les pertes dans l'investissement en cryptomonnaies nécessite une combinaison de stratégies de diversification, de gestion proactive des risques, et d'éducation continue. En adoptant ces techniques, vous pouvez mieux protéger votre capital et naviguer plus sereinement dans le paysage des cryptomonnaies.

Importance de la vigilance et de la recherche continue

L'importance de la vigilance et de la recherche continue ne peut être surestimée lorsqu'il s'agit d'investir dans les cryptomonnaies. Ce marché, bien que prometteur, est en constante évolution et peut être particulièrement imprévisible. Pour naviguer avec succès dans cet environnement dynamique, il est crucial de rester informé et de faire preuve de diligence. Voici pourquoi la vigilance et la recherche continue sont essentielles et comment les intégrer dans votre stratégie d'investissement.

1. Compréhension des Tendances du Marché

Le marché des cryptomonnaies est influencé par une multitude de facteurs, y compris les nouvelles technologies, les changements réglementaires, et les tendances économiques globales. En restant vigilant et en poursuivant des recherches continues, vous pouvez :

- **Anticiper les Mouvements du Marché :** Suivre les tendances vous aide à anticiper les hausses et les baisses potentielles, vous permettant ainsi de prendre des décisions éclairées sur vos investissements.
- **Identifier les Opportunités :** Être informé des nouveaux projets et des innovations technologiques peut vous donner un avantage pour investir dans des cryptomonnaies prometteuses avant qu'elles ne deviennent mainstream.

2. Adaptation aux Changements Réglementaires

Les réglementations autour des cryptomonnaies sont en constante évolution. Les gouvernements du monde entier révisent régulièrement leurs lois et politiques pour s'adapter à ce marché en pleine expansion.

- **Conformité Juridique :** Une recherche continue vous permet de rester au courant des nouvelles lois et réglementations, garantissant ainsi que vos investissements sont conformes et légaux.
- **Gestion des Risques :** Comprendre les changements réglementaires vous aide à évaluer et à gérer les risques associés, tels que les interdictions potentielles ou les restrictions de trading.

3. Protection Contre les Fraudes et les Arnaques

Le marché des cryptomonnaies peut être vulnérable aux fraudes et aux arnaques. La vigilance constante et la recherche approfondie sont essentielles pour protéger vos investissements contre ces menaces.

- **Vérification des Projets :** Effectuer une due diligence sur les projets de cryptomonnaies vous aide à éviter les projets frauduleux et à investir uniquement dans des initiatives légitimes.
- **Éducation sur les Escroqueries :** Rester informé des types courants d'arnaques et des signes d'alerte vous aide à identifier et à éviter les projets douteux.

4. Mise à Jour des Stratégies d'Investissement

Le marché des cryptomonnaies est très dynamique. Ce qui fonctionne aujourd'hui pourrait ne pas être aussi efficace demain. La recherche continue vous permet de :

- **Adapter vos Stratégies :** En restant informé des dernières tendances et développements, vous pouvez ajuster vos stratégies d'investissement pour maximiser vos gains et minimiser les pertes.
- **Innovation dans les Investissements :** La recherche constante peut révéler de nouvelles opportunités d'investissement et des approches innovantes pour gérer votre portefeuille.

5. Amélioration des Connaissances Techniques

Les cryptomonnaies reposent sur des technologies complexes, telles que la blockchain, qui évoluent rapidement. La recherche continue vous aide à :

- **Maitriser les Technologies :** Comprendre les aspects techniques des cryptomonnaies et des technologies sous-jacentes vous permet de faire des choix d'investissement plus éclairés.
- **Utiliser les Outils Avancés :** Être à jour avec les nouvelles technologies et outils de trading vous donne un avantage pour gérer vos investissements de manière plus efficace.

6. Développement d'une Expertise

En consacrant du temps à la recherche et à l'apprentissage continu, vous développez une expertise qui peut vous donner un avantage significatif dans le marché des cryptomonnaies.

- **Confiance dans les Décisions :** Une connaissance approfondie renforce votre confiance en vos décisions d'investissement.
- **Reconnaissance des Opportunités :** Une expertise accrue vous permet de repérer plus facilement les opportunités lucratives et d'éviter les pièges courants.

7. Réseau et Communauté

Participer activement à des forums, des groupes de discussion, et des événements de la communauté crypto peut également jouer un rôle crucial dans la recherche continue.

- **Apprentissage Collaboratif :** Engager avec d'autres investisseurs et experts peut fournir des perspectives et des informations précieuses.

- **Partage d'Informations :** Le réseau permet le partage rapide des informations critiques sur les tendances du marché et les changements réglementaires.

A retenir, la vigilance et la recherche continue sont des piliers essentiels pour réussir dans l'investissement en cryptomonnaies. En restant informé et en étant proactif, vous pouvez naviguer plus sereinement dans ce marché complexe et maximiser vos chances de succès. Intégrez ces pratiques dans votre routine d'investissement pour maintenir une longueur d'avance et protéger votre capital contre les imprévus.

Chapitre 4 : Choisir les Bons Actifs

Avec des milliers d'actifs numériques disponibles, choisir les bons actifs pour investir peut sembler une tâche ardue. Pourtant, cette étape est cruciale pour bâtir un portefeuille solide et résilient. Dans ce chapitre, nous explorerons les critères essentiels et les stratégies éprouvées pour identifier les cryptomonnaies les plus prometteuses. Qu'il s'agisse de comprendre les fondamentaux d'un projet, d'analyser les tendances du marché, ou d'évaluer les risques, nous vous fournirons les outils nécessaires pour faire des choix éclairés et maximiser vos opportunités de succès dans ce domaine en constante évolution. Préparez-vous à affiner votre instinct d'investisseur et à choisir judicieusement les actifs qui composeront votre portefeuille de cryptomonnaies.

Comment choisir une cryptomonnaie ?

Analyse de la Capitalisation Boursière

L'analyse de la capitalisation boursière est un aspect crucial pour évaluer la valeur et le potentiel de croissance des cryptomonnaies. La capitalisation boursière, souvent abrégée en "market cap", représente la valeur totale de toutes les unités en circulation d'une cryptomonnaie, calculée en multipliant le prix actuel d'une unité par le nombre total d'unités en circulation. Voici comment cette métrique peut vous aider à choisir les bons actifs pour votre portefeuille.

1. Comprendre la Capitalisation Boursière

La capitalisation boursière est une mesure essentielle pour comprendre la taille relative d'une cryptomonnaie par rapport à d'autres sur le marché. Elle se divise généralement en trois catégories :

- **Grande Cap. :** 1B et plus
- **Capitalisation moyenne :** entre 200M et 1B
- **Petite Capitalisation :** En dessous de 200M

2. Évaluer le Potentiel de Croissance

La capitalisation boursière aide à évaluer le potentiel de croissance d'une cryptomonnaie. Les cryptomonnaies à petite et moyenne capitalisation ont généralement plus de place pour croître, mais elles comportent également un risque plus élevé. En revanche, les cryptomonnaies à grande capitalisation sont souvent plus établies et moins volatiles, offrant une sécurité relative.

Les cryptomonnaies à grande capitalisation sont souvent des choix plus sûrs pour les investisseurs cherchant à minimiser les risques. Bien qu'elles offrent généralement moins de potentiel de croissance explosif, leur stabilité relative peut protéger contre les fluctuations de marché extrêmes.

3. Comparaison avec le Marché Traditionnel

Tout comme dans le marché boursier traditionnel, la capitalisation boursière dans le monde des cryptomonnaies permet de comparer facilement la taille et la valeur des différentes cryptomonnaies.

- **Diversification :** En utilisant la capitalisation boursière, vous pouvez diversifier votre portefeuille en investissant dans des cryptomonnaies de différentes tailles de capitalisation, équilibrant ainsi le risque et la récompense.
- **Suivi des Performances :** La capitalisation boursière vous aide à suivre les performances des cryptomonnaies sur le marché, en observant comment elles se comportent par rapport aux autres.

4. Limite

Bien que la capitalisation boursière soit un outil utile, elle présente certaines limitations qu'il est important de prendre en compte :

- **Offre en Circulation :** La capitale
- **Manipulation du Marché :** Les petites capitalisations sont plus susceptibles d'être manipulées par des mouvements de marché importants, ce qui peut fausser la perception de leur véritable valeur.
- **Manque de Profondeur :** La capitalisation boursière ne donne pas d'informations sur les fondamentaux du projet, tels que l'équipe de développement, la technologie, et l'adoption réelle.

L'analyse de la capitalisation boursière est un outil précieux pour évaluer et comparer les cryptomonnaies. Elle aide à comprendre la taille relative et le potentiel de croissance des actifs numériques, tout en permettant de diversifier les investissements et de suivre les performances du marché. Cependant, il est essentiel de l'utiliser en conjonction avec d'autres analyses fondamentales et techniques pour obtenir une image complète et précise de chaque cryptomonnaie avant d'investir. En intégrant cette métrique à votre stratégie d'investissement, vous serez mieux préparé pour naviguer dans le monde complexe et volatil des cryptomonnaies.

Évaluation de la Liquidité

L'évaluation de la liquidité est une composante essentielle de la stratégie d'investissement en cryptomonnaies. La liquidité fait référence à la facilité avec laquelle un actif peut être acheté ou vendu sur le marché sans affecter de manière significative son prix. Une liquidité élevée est généralement synonyme d'un marché sain et actif, où les transactions se font sans trop de friction. Voici comment évaluer la liquidité des cryptomonnaies et pourquoi cela est important.

1. Importance de la Liquidité

La liquidité est cruciale pour plusieurs raisons :

- **Facilité de Transaction :** Une liquidité élevée permet de réaliser des transactions rapidement et sans grandes variations de prix. Cela est particulièrement important pour les traders actifs et les investisseurs qui cherchent à entrer et sortir rapidement du marché.
- **Risque Réduit :** Les actifs liquides sont moins susceptibles de subir des fluctuations de prix extrêmes causées par des transactions importantes. Cela réduit le risque de dérapage (slippage) et assure un prix de transaction plus stable.
- **Indicateur de Confiance :** Un marché liquide est souvent soutenu par une communauté active et un volume de trading important. La liquidité est souvent un indicateur de la confiance et de l'intérêt des investisseurs dans une cryptomonnaie. Plus un actif est liquide, plus il est facile de trouver des acheteurs et des vendeurs, ce qui reflète une confiance accrue dans sa valeur et sa stabilité.

2. Mesures de la Liquidité

Pour évaluer la liquidité d'une cryptomonnaie, plusieurs indicateurs et mesures peuvent être utilisés :

- **Volume de Trading :** Le volume de trading quotidien est l'un des indicateurs les plus directs de la liquidité. Un volume élevé indique un marché actif avec de nombreuses transactions, ce qui facilite l'achat et la vente sans affecter le prix.
- **Profondeur du Marché :** La profondeur du marché montre la quantité d'ordres d'achat et de vente à différents niveaux de prix. Un marché profond avec de nombreux ordres à différents niveaux de prix est plus liquide, permettant des transactions importantes sans grandes variations de prix.
- **Vitesse de la Transaction :** La rapidité avec laquelle les ordres sont exécutés sur le marché peut également indiquer la liquidité. Si les transactions se font rapidement et efficacement, cela suggère une liquidité élevée. La vitesse de transaction élevée signifie que les ordres sont exécutés presque instantanément, ce qui est essentiel pour les traders qui doivent réagir rapidement aux mouvements du marché.

3. Facteurs Affectant la Liquidité

Plusieurs facteurs peuvent influencer la liquidité d'une cryptomonnaie :

- **Liste d'échange :** Les cryptomonnaies listées sur de nombreuses plateformes d'échange réputées ont tendance à être plus liquides. Plus il y a de marchés où une

cryptomonnaie peut être échangée, plus elle est susceptible d'avoir un volume de trading élevé.
- **Adoption et Utilisation :** Les cryptomonnaies avec une adoption et une utilisation plus larges tendent à avoir une liquidité plus élevée. Cela est dû à un plus grand nombre d'utilisateurs effectuant des transactions régulières.
- **Régulation :** Les régulations peuvent affecter la liquidité. Par exemple, des restrictions ou des interdictions sur les cryptomonnaies dans certaines juridictions peuvent réduire leur liquidité.
- **Sentiment du Marché :** Les nouvelles, les annonces et le sentiment général du marché peuvent influencer la liquidité. Un sentiment positif peut attirer plus de traders et augmenter la liquidité, tandis qu'un sentiment négatif peut avoir l'effet inverse.

4. Couche

Pour maximiser les avantages de la liquidité, voici quelques stratégies à considérer :

- **Choisir des Actifs à Fort Volume :** Privilégiez les cryptomonnaies avec un volume de trading élevé. Ces actifs sont généralement plus faciles à acheter et vendre rapidement.
- **Utiliser des Ordres Limites :** Les ordres limites permettent de définir un prix spécifique pour l'achat ou la vente, réduisant ainsi le risque de dérapage dans des marchés moins liquides.
- **Diversifier les Plateformes d'Échange :** Utilisez plusieurs plateformes d'échange pour répartir vos transactions et profiter des meilleures conditions de liquidité disponibles.

A retenir :

L'évaluation de la liquidité est une étape cruciale pour tout investisseur en cryptomonnaies. Une liquidité élevée permet des transactions plus faciles, réduit les risques de fluctuations de prix extrêmes et indique souvent une plus grande confiance du marché. En utilisant des mesures comme le volume de trading et la profondeur du marché, et en tenant compte des facteurs influençant la liquidité, vous pouvez prendre des décisions d'investissement plus éclairées. Intégrer l'évaluation de la liquidité dans votre stratégie d'investissement vous aidera à naviguer plus efficacement dans le marché complexe et dynamique des cryptomonnaies.

Compréhension de la Technologie et de l'Équipe derrière le Projet

Lorsqu'il s'agit d'investir dans les cryptomonnaies, une évaluation approfondie de la technologie et de l'équipe derrière le projet est essentielle. Ces deux facteurs déterminent la viabilité à long terme, l'innovation et le potentiel de croissance d'une cryptomonnaie. Voici comment aborder cette analyse.

Analyse de la Technologie

La technologie sous-jacente d'une cryptomonnaie est le fondement de sa fonctionnalité et de son potentiel disruptif. Pour comprendre pleinement la technologie, voici les aspects clés à examiner :

- **Protocole de Consensus :** Les cryptomonnaies utilisent divers protocoles de consensus pour valider les transactions et sécuriser le réseau. Par exemple, Bitcoin utilise le Proof-of-Work (PoW), tandis qu'Ethereum 2.0 adopte le Proof-of-Stake (PoS). Comprendre ces mécanismes permet d'évaluer la sécurité, l'efficacité énergétique et la scalabilité du projet.
- **Scalabilité :** La capacité d'une cryptomonnaie à gérer un volume croissant de transactions est cruciale. Examinez les solutions de scalabilité mises en œuvre ou en développement, telles que les chaînes latérales (sidechains), le sharding, ou les réseaux de seconde couche comme le Lightning Network pour Bitcoin.
- **Sécurité :** La sécurité est un critère primordial. Recherchez des audits de sécurité indépendants et des antécédents en matière de failles de sécurité. Une technologie bien sécurisée inspire confiance et attire davantage d'utilisateurs et d'investisseurs.
- **Interopérabilité :** Avec le développement de nombreuses blockchains, l'interopérabilité devient de plus en plus importante. Les projets qui facilitent l'interaction entre différentes blockchains, comme Polkadot ou Cosmos, sont souvent plus prometteurs.
- **Cas d'Utilisation et Innovation :** Identité

Évaluation de l'Équipe

L'équipe derrière une cryptomonnaie joue un rôle crucial dans la réalisation de la vision du projet et sa capacité à surmonter les défis. Voici les éléments à considérer pour évaluer l'équipe :

- **Antécédents et Compétences :** Analysez les antécédents professionnels et académiques des membres clés de l'équipe. Une équipe composée de personnes

ayant des expériences réussies dans le domaine des technologies, de la finance ou des startups est un bon indicateur de compétence.
- **Transparence et Accessibilité :** Une équipe transparente, qui communique régulièrement avec la communauté et les investisseurs, inspire confiance. Recherchez des équipes qui partagent des mises à jour fréquentes, participent à des conférences et sont actives sur les réseaux sociaux.
- **Engagement et Vision :** La passion et l'engagement des fondateurs et des développeurs pour le projet sont des indicateurs forts de son potentiel à long terme. Une vision claire et bien articulée pour l'avenir du projet est également cruciale.
- **Partenariats et Soutiens :** Les collaborations avec d'autres entreprises, institutions et développeurs peuvent renforcer la crédibilité d'un projet. Les partenariats stratégiques et les soutiens financiers d'acteurs reconnus de l'industrie sont des signes positifs.

Étude de Cas : Ethereum

Ethereum, souvent décrit comme le "superordinateur mondial", se distingue non seulement par sa technologie révolutionnaire mais aussi par l'équipe dévouée qui l'a développé et continue de le faire évoluer. Fondé en 2015 par Vitalik Buterin, un des esprits les plus influents de la blockchain, Ethereum a rapidement capté l'attention pour sa capacité à héberger des contrats intelligents (smart contracts) et des applications décentralisées (dApps) au sein d'une blockchain programmable.

Technologie Avancée : Ethereum a introduit une nouvelle ère en permettant l'exécution de contrats intelligents, des programmes autonomes qui s'exécutent sans aucune possibilité d'indisponibilité, de censure, de fraude ou d'interférence d'une tierce partie. Cette innovation a ouvert de vastes possibilités pour la finance décentralisée (DeFi), les marchés de la NFT, et d'autres applications qui exploitent sa capacité à fonctionner comme un ordinateur mondial décentralisé.

L'Équipe de Développement : Vitalik Buterin, en tant que co-fondateur, est une figure de proue dans la communauté blockchain. Sa vision pour Ethereum et sa capacité à communiquer cette vision ont été essentielles pour attirer des talents de haut niveau dans le domaine de la cryptographie, de la sécurité informatique et du développement logiciel. L'équipe de développement d'Ethereum est connue pour son engagement envers la recherche et l'innovation continue, visant à résoudre les défis de la scalabilité, de la sécurité et de l'interopérabilité.

L'équipe comprend également des chercheurs, des développeurs de protocoles et des ingénieurs logiciels qui collaborent activement avec la communauté mondiale des développeurs pour améliorer et élargir les capacités d'Ethereum. Leur approche ouverte et collaborative a permis à Ethereum de devenir une plateforme leader pour le développement d'applications décentralisées, attirant des milliers de développeurs et d'entreprises dans son écosystème.

Bilan

L'équipe d'Ethereum, dirigée par Vitalik Buterin et soutenue par un ensemble diversifié de talents et de contributeurs, continue de repousser les limites de la technologie blockchain. Leur dévouement à l'innovation et à l'amélioration continue fait d'Ethereum non seulement un leader du marché des cryptomonnaies, mais aussi un catalyseur pour une nouvelle ère de l'économie numérique mondiale.

A retenir : Une compréhension approfondie de la technologie et de l'équipe derrière un projet de cryptomonnaie est indispensable pour évaluer sa viabilité et son potentiel de croissance. En examinant les aspects techniques et en évaluant la compétence et l'engagement de l'équipe, vous pouvez faire des choix d'investissement plus éclairés et mieux préparés pour naviguer dans le marché complexe des cryptomonnaies.

Tokenomics et Libération des Tokens

Dans l'écosystème des cryptomonnaies, le terme "tokenomics" désigne l'économie ou l'économie des tokens d'un projet de blockchain. Cela englobe tous les aspects économiques liés à un token particulier, y compris sa création, sa distribution, sa valeur et son utilisation au sein du réseau. Comprendre la tokenomics est essentiel pour évaluer le potentiel de croissance à long terme d'un projet.

Principaux Aspects de la Tokenomics

1. **Création des Tokens :** Les tokens peuvent être créés de différentes manières, notamment par le biais de contrats intelligents sur des blockchains existantes comme Ethereum, ou en lançant une nouvelle blockchain. La manière dont les tokens sont émis, leur quantité totale et leur émission initiale sont des facteurs clés qui influencent leur valeur et leur disponibilité sur le marché.
2. **Distribution des Tokens :** Une fois créés, les tokens sont généralement distribués aux investisseurs, aux contributeurs du projet, aux membres de l'équipe, aux partenaires stratégiques et parfois à la communauté à travers des mécanismes comme les ventes privées, les ICO (Initial Coin Offerings) ou les IDO (Initial DEX

Offerings), ainsi que des airdrops. La répartition initiale des tokens peut avoir un impact significatif sur leur valeur future et sur la gouvernance du réseau.
3. **Utilisation des Tokens :** Les tokens peuvent avoir différentes fonctions au sein d'un écosystème. Ils peuvent servir de moyen de paiement, de droit de vote dans les processus de gouvernance, de récompense pour les utilisateurs ou les validateurs du réseau, ou encore être utilisés pour déverrouiller des fonctionnalités spécifiques d'une application décentralisée (dApp). La diversité des cas d'utilisation des tokens influe sur leur demande et, par conséquent, sur leur valeur sur le marché.
4. **Économie et Modèles de Gouvernance :** Certains tokens sont conçus pour suivre des modèles économiques spécifiques, tels que la déflation (réduction de l'offre dans le temps) pour maintenir ou augmenter leur valeur, ou la répartition des récompenses par le biais de staking (mise en jeu) et de farming (exploitation agricole) dans les réseaux DeFi. Le modèle de gouvernance détermine comment les décisions sont prises concernant l'évolution du réseau, la modification des protocoles et l'allocation des fonds du trésor.

Libération des Tokens

La libération des tokens fait référence à la manière dont les tokens sont progressivement mis en circulation après leur création initiale. Cette libération peut être programmée selon un calendrier prédéterminé ou basée sur des événements spécifiques dans le développement du projet. Une libération contrôlée peut aider à maintenir la stabilité du marché et à susciter la confiance des investisseurs en assurant une croissance stable et mesurée de l'offre de tokens.

Impact sur l'Investissement

Comprendre la tokenomics et la libération des tokens est crucial pour les investisseurs. Cela leur permet d'évaluer la viabilité à long terme d'un projet, sa résilience face à la volatilité du marché et sa capacité à créer de la valeur pour les détenteurs de tokens. Une tokenomics bien conçue, combinée à une libération prudente des tokens, peut contribuer à renforcer la confiance des investisseurs et à favoriser l'adoption à grande échelle d'une cryptomonnaie ou d'une plateforme blockchain.

Cas pratique de l'Analyse Complète de la Crypto Avalanche

1. Analyse Fondamentale

Avalanche (AVAX) est une plateforme de contrats intelligents qui vise à offrir une infrastructure hautement scalable et interopérable pour le développement de dApps (applications décentralisées) et de nouvelles blockchains. Lancée en septembre 2020 par Ava Labs, Avalanche se distingue par sa rapidité, sa faible latence et sa capacité à traiter des milliers de transactions par seconde, rivalisant avec les réseaux traditionnels comme Visa.

Objectifs et Vision : Avalanche cherche à résoudre certains des principaux défis auxquels sont confrontées les blockchains actuelles, notamment la scalabilité, la décentralisation et la sécurité. Son consensus innovant, combiné à une architecture flexible, permet une finalité quasi-instantanée des transactions, réduisant ainsi les frais et les délais.

Cas d'Utilisation : Les applications de la technologie Avalanche sont vastes, allant des plateformes de finance décentralisée (DeFi) aux marchés de tokens non fongibles (NFTs), en passant par les solutions d'entreprise et les chaînes de blocs privées. Son interopérabilité avec d'autres blockchains, y compris Ethereum, permet aux développeurs de créer des applications robustes avec une large gamme de fonctionnalités.

2. Analyse Technique

L'analyse technique de l'AVAX, le token natif de la plateforme Avalanche, se concentre sur les mouvements de prix historiques, les tendances et les indicateurs techniques pour prévoir les futures fluctuations de prix.

Prix et Tendances : Depuis son lancement, AVAX a montré une croissance significative, avec des périodes de volatilité correspondant aux tendances générales du marché des cryptomonnaies. Les pics de prix ont souvent été associés à des annonces de partenariats, de mises à jour de protocoles, ou à une adoption accrue par les développeurs.

Indicateurs Techniques :

- **Moyennes Mobiles :** Les moyennes mobiles (SMA et EMA) sont couramment utilisées pour identifier les tendances à court et à long terme. Une EMA croissante

peut indiquer une tendance haussière, tandis qu'une SMA décroissante peut signaler une tendance baissière.
- **RSI (Indice de Force Relative) :** Le RSI aide à identifier les conditions de surachat ou de survente. Un RSI supérieur à 70 peut suggérer que l'AVAX est suracheté, tandis qu'un RSI inférieur à 30 peut indiquer qu'il est survendu.
- **MACD (Moving Average Convergence Divergence) :** Le MACD est utilisé pour repérer les changements dans la force, la direction, l'élan et la durée d'une tendance de prix.

3. Tokenomics

Les tokenomics d'Avalanche concernent la création, la distribution et la gestion des tokens AVAX, ainsi que leur utilisation au sein de l'écosystème.

Création et Distribution : Avalanche a un approvisionnement maximum de 720 millions de tokens AVAX, avec environ la moitié de ce montant actuellement en circulation. Les tokens AVAX ont été distribués lors d'une vente privée, d'une vente publique et par des allocations à l'équipe, aux fondations et aux partenaires stratégiques.

Utilisation des Tokens : Les tokens AVAX sont utilisés pour payer les frais de transaction, sécuriser le réseau via le staking, et participer à la gouvernance de la plateforme. Les détenteurs de tokens peuvent voter sur les propositions de mises à jour de protocoles et sur d'autres décisions importantes pour l'avenir du réseau.

Déflation et Incitation : Avalanche utilise un mécanisme de combustion des frais de transaction, ce qui réduit l'offre totale de tokens AVAX au fil du temps, créant une pression déflationniste. Cela incite les utilisateurs à détenir des tokens, en espérant une appréciation de leur valeur.

4. Équipe

L'équipe derrière Avalanche est composée de vétérans de l'industrie de la blockchain, de la cryptographie et de l'informatique distribuée.

Leadership :

- **Emin Gün Sirer :** Co-fondateur et PDG d'Ava Labs, Emin Gün Sirer est un pionnier dans le domaine des systèmes distribués et des technologies blockchain. Il est également professeur à l'Université Cornell et co-directeur de l'Initiative pour les Cryptomonnaies et les Contrats Intelligents (IC3).

- **Kevin Sekniqi :** Co-fondateur et COO d'Ava Labs, Kevin Sekniqi a une expertise en cryptographie et en systèmes distribués, ayant travaillé chez des institutions de recherche de premier plan et des entreprises technologiques.
- **Maofan "Ted" Yin :** Co-fondateur et architecte en chef de protocoles, Ted Yin est connu pour son travail sur les protocoles de consensus et a contribué à la conception du protocole HotStuff, utilisé par Facebook Libra.

Équipe et Partenaires : L'équipe d'Ava Labs est composée de développeurs, d'ingénieurs et de chercheurs de premier plan issus de grandes institutions comme MIT, Stanford et Cornell. Avalanche bénéficie également de partenariats stratégiques avec des entreprises de technologie, des institutions financières et des projets blockchain, renforçant ainsi son écosystème et son adoption.

Conclusion

Avalanche se distingue par une combinaison de technologies avancées, une économie de tokens bien pensée et une équipe expérimentée. En résolvant les problèmes de scalabilité et en offrant une interopérabilité accrue, Avalanche est bien positionnée pour devenir un acteur majeur dans le monde des cryptomonnaies et des applications décentralisées.

Chapitre 5 : Les Plates-formes et les Outils

Construire un portefeuille de cryptomonnaies peut être comparé à la construction d'une maison. Tout comme vous avez besoin des bons outils et des matériaux de qualité pour bâtir une demeure solide et durable, investir avec succès dans les cryptomonnaies nécessite l'utilisation des meilleures plates-formes et des outils les plus efficaces. Dans ce chapitre, nous allons explorer les différentes plates-formes d'échange, les portefeuilles numériques, et les outils d'analyse indispensables pour naviguer dans le monde complexe et dynamique des cryptomonnaies. Préparez-vous à équiper votre boîte à outils virtuelle afin de construire un portefeuille robuste et sécurisé.

Où acheter des cryptomonnaies ?

Avec une multitude de plateformes disponibles, allant des échanges centralisés aux plateformes décentralisées, il est essentiel de choisir un point d'entrée qui offre à la fois sécurité, facilité d'utilisation et des fonctionnalités adaptées à vos besoins d'investissement. Dans cette section, nous allons explorer les options les plus populaires et fiables pour acquérir des cryptomonnaies.

Présentation des Principales Plateformes d'Échange (Exchanges)

Les plateformes d'échange de cryptomonnaies sont les points d'entrée essentiels pour les investisseurs souhaitant acheter, vendre ou échanger des actifs numériques. Elles se divisent principalement en deux catégories : les échanges centralisés (CEX) et les échanges décentralisés (DEX). Chacune de ces options présente des avantages et des inconvénients spécifiques en termes de sécurité, de facilité d'utilisation et de fonctionnalités. Voici une présentation détaillée de ces deux types de plateformes, accompagnée d'exemples représentatifs.

Plateformes Centralisées (CEX)

Les échanges centralisés sont des plateformes gérées par des entreprises privées qui offrent des services de trading de cryptomonnaies contre d'autres cryptos ou des monnaies fiduciaires (comme l'euro ou le dollar). Ils sont populaires en raison de leur convivialité, de leur rapidité et de leurs fonctionnalités avancées.

Exemples de CEX :

1. **Binance :** L'une des plus grandes et des plus populaires plateformes d'échange au monde. Binance offre une large gamme de cryptomonnaies, des frais de transaction compétitifs et une interface utilisateur intuitive. Elle propose également des services supplémentaires comme le staking, les prêts et les futures.
2. **Coinbase :** Très connue pour sa facilité d'utilisation, Coinbase est souvent recommandée aux débutants. Basée aux États-Unis, elle permet d'acheter des cryptomonnaies directement avec des cartes de crédit ou des virements bancaires. Coinbase Pro, sa version avancée, offre des outils de trading plus sophistiqués.
3. **Kraken :** Reconnue pour sa sécurité et sa conformité réglementaire, Kraken offre une large sélection de cryptomonnaies et des fonctionnalités avancées pour les traders expérimentés, y compris le margin trading et les futures.

Avantages des CEX :

- **Facilité d'utilisation :** Interfaces conviviales et simples à naviguer.
- **Liquidité élevée :** Volume de trading important, permettant des transactions rapides.
- **Support client :** Assistance disponible pour aider les utilisateurs en cas de problèmes.

Inconvénients des CEX :

- **Centralisation :** Risque de piratage et de contrôle par une entité centrale.
- **Conformité réglementaire :** Soumis à des régulations qui peuvent affecter l'accès aux services.

Plateformes Décentralisées (DEX)

Les échanges décentralisés fonctionnent sans intermédiaires, utilisant des contrats intelligents pour faciliter les transactions directement entre les utilisateurs. Cela renforce la sécurité et l'anonymat, mais peut nécessiter une compréhension technique plus approfondie.

Exemples de DEX :

1. **Uniswap :** Un des DEX les plus populaires sur la blockchain Ethereum. Uniswap permet aux utilisateurs d'échanger des tokens directement depuis leur portefeuille en utilisant des contrats intelligents. La plateforme est connue pour sa simplicité et ses frais bas.

2. **SushiSwap :** Initialement un fork de Uniswap, SushiSwap a ajouté des fonctionnalités supplémentaires comme le farming de rendement et des incentives pour les fournisseurs de liquidité. Il s'agit d'une plateforme flexible et riche en fonctionnalités.
3. **PancakeSwap :** Fonctionnant sur la Binance Smart Chain, PancakeSwap offre des transactions rapides et moins coûteuses comparées aux DEX basés sur Ethereum. C'est une option populaire pour échanger des tokens BEP-20.

Avantages des DEX :

- **Sécurité et anonymat :** Les utilisateurs gardent le contrôle de leurs clés privées et de leurs fonds.
- **Absence d'intermédiaires :** Transactions directes entre utilisateurs, réduisant le risque de fraude.

- **Résilience réglementaire :** Moins susceptibles d'être affectés par les régulations centralisées.

Inconvénients des DEX :

- **Complexité :** Peut-être plus difficile à utiliser pour les débutants.
- **Liquidité variable :** Certains DEX peuvent avoir des problèmes de liquidité, rendant les transactions de grandes quantités plus difficiles.
- **Vitesse des transactions :** Peut-être plus lent, surtout sur les blockchains congestionnées.

Conclusion

Les plateformes d'échange centralisées et décentralisées jouent chacune un rôle crucial dans l'écosystème des cryptomonnaies. Les échanges centralisés, comme Binance, Coinbase et Kraken, offrent une entrée facile et rapide dans le monde des cryptomonnaies, avec une interface conviviale et un support client accessible. En revanche, les échanges décentralisés, tels que Uniswap, SushiSwap et PancakeSwap, offrent une sécurité accrue et une véritable décentralisation, bien qu'ils puissent nécessiter une courbe d'apprentissage plus raide.

En fonction de vos besoins spécifiques, de votre niveau de confort avec la technologie blockchain et de votre tolérance aux risques, vous pouvez choisir la plateforme qui vous convient le mieux pour acheter, vendre et échanger des cryptomonnaies.

Critères de Sélection : Sécurité, Frais, Interface Utilisateur

Plusieurs critères doivent être pris en compte pour s'assurer que la plateforme répond à vos besoins et offre une expérience de trading sécurisée et efficace. Voici un développement des principaux critères de sélection : sécurité, frais et interface utilisateur, suivi d'un petit comparatif entre deux plateformes populaires.

Sécurité

La sécurité est sans doute le critère le plus important lorsqu'il s'agit de choisir une plateforme d'échange. Vous devez vous assurer que vos fonds et vos informations personnelles sont protégés contre les piratages et autres menaces. Voici quelques aspects à considérer :

- **Authentification à Deux Facteurs (2FA) :** Les plateformes sécurisées proposent une authentification à deux facteurs, ajoutant une couche supplémentaire de protection à votre compte.

- **Stockage des Fonds :** Privilégiez les plateformes qui stockent une majorité des fonds des utilisateurs dans des cold wallets (portefeuilles hors ligne) pour minimiser les risques de piratage.
- **Historique de Sécurité :** Renseignez-vous sur l'historique de la plateforme en matière de sécurité. Les plateformes ayant subi des piratages dans le passé mais ayant pris des mesures correctives rigoureuses peuvent être considérées, mais celles ayant un historique impeccable sont préférables.
- **Assurance :** Certaines plateformes offrent une assurance sur les dépôts des utilisateurs, ce qui peut offrir une sécurité supplémentaire en cas de faille de sécurité.

Frais

Les frais peuvent varier considérablement d'une plateforme à l'autre et peuvent avoir un impact significatif sur vos rendements, surtout si vous effectuez des transactions fréquentes. Voici les types de frais courants à examiner :

- **Frais de Transaction :** Il s'agit des frais appliqués à chaque achat ou vente de cryptomonnaie. Ils peuvent être fixes ou basés sur un pourcentage de la transaction.
- **Frais de Dépôt et de Retrait :** Vérifiez les frais associés aux dépôts et aux retraits de fonds, qu'ils soient en cryptomonnaies ou en monnaies fiduciaires.
- **Frais de Conversion :** Si vous échangez entre différentes cryptomonnaies, des frais de conversion peuvent s'appliquer.
- **Frais de Staking et de Lending :** Si la plateforme offre des services de staking ou de lending, assurez-vous de comprendre les frais associés à ces services.

Interface Utilisateur

L'interface utilisateur (UI) est un autre critère important, surtout pour les débutants. Une interface bien conçue peut rendre le trading plus intuitif et moins stressant. Voici ce qu'il faut rechercher :

- **Facilité d'Utilisation :** L'interface doit être intuitive et facile à naviguer, même pour les nouveaux utilisateurs. Les fonctionnalités essentielles doivent être accessibles sans effort.
- **Outils de Trading :** Les traders plus expérimentés peuvent rechercher des plateformes offrant des outils avancés, tels que des graphiques détaillés, des indicateurs techniques et des options de trading automatisé.
- **Support Client :** Un bon support client peut faire une grande différence. Recherchez des plateformes offrant une assistance rapide et efficace, par chat en direct, e-mail ou téléphone.

- **Application Mobile :** Pour ceux qui préfèrent trader en déplacement, une application mobile bien conçue est un atout majeur.

Comparatif : Binance vs. Coinbase

Pour illustrer ces critères, comparons deux des plateformes d'échange les plus populaires : Binance et Coinbase.

Sécurité :

- **Binance :** Propose l'authentification à deux facteurs, le stockage des fonds dans des cold wallets et une assurance contre les piratages. Bien que Binance ait subi un piratage en 2019, la plateforme a remboursé les utilisateurs et renforcé sa sécurité.
- **Coinbase :** Offre également l'authentification à deux facteurs et le stockage sécurisé dans des cold wallets. Coinbase bénéficie d'une solide réputation en matière de sécurité et n'a jamais été compromis de manière significative.

Frais :

- **Binance :** Connue pour ses frais de transaction très compétitifs (environ 0,1% par transaction) et des réductions supplémentaires pour les utilisateurs payant avec le token natif BNB.
- **Coinbase :** Les frais de transaction sont plus élevés, pouvant aller jusqu'à 1,5% par transaction, bien que Coinbase Pro offre des frais réduits pour les traders plus actifs.

Interface Utilisateur :

- **Binance :** Dispose d'une interface plus complexe, riche en fonctionnalités pour les traders avancés. L'application mobile est robuste mais peut être intimidante pour les débutants.
- **Coinbase :** Très conviviale et adaptée aux débutants, avec une interface simple et intuitive. L'application mobile est également très bien conçue pour une utilisation facile.

Conclusion

Le choix entre Binance et Coinbase dépendra de vos priorités individuelles. Si vous cherchez des frais bas et des fonctionnalités avancées, Binance peut être la meilleure option. Cependant, si vous privilégiez une interface conviviale et une expérience utilisateur simplifiée, surtout en tant que débutant, Coinbase pourrait mieux répondre à vos besoins.

En évaluant attentivement la sécurité, les frais et l'interface utilisateur, vous pouvez choisir la plateforme qui convient le mieux à vos objectifs d'investissement en cryptomonnaies.

Outils de Suivi et d'Analyse

Disposer des bons outils de suivi et d'analyse est essentiel pour prendre des décisions éclairées et maximiser vos opportunités de profit. Que vous soyez un investisseur débutant ou un trader expérimenté, ces outils vous permettent de surveiller les fluctuations du marché, d'analyser les tendances et de gérer efficacement votre portefeuille. Dans cette section, nous explorerons les différents types d'outils disponibles, de l'analyse technique à la gestion de portefeuille.

Applications et Logiciels pour Suivre les Prix

Suivre les prix des cryptomonnaies en temps réel est crucial pour tout investisseur ou trader cherchant à maximiser ses gains et minimiser ses pertes. Heureusement, il existe une multitude d'applications et de logiciels conçus pour fournir des données de marché précises et des outils d'analyse avancés. Voici un aperçu des meilleures options disponibles pour suivre les prix des cryptomonnaies.

1. CoinMarketCap

CoinMarketCap est l'une des plateformes les plus populaires pour suivre les prix des cryptomonnaies. Elle offre une interface conviviale et une vaste base de données couvrant des milliers de cryptomonnaies.

Caractéristiques :

- **Prix en Temps Réel :** Mise à jour des prix en temps réel pour des milliers de cryptomonnaies.
- **Capitalisation Boursière :** Informations détaillées sur la capitalisation boursière et le volume de trading.
- **Graphiques :** Graphiques interactifs pour analyser les tendances des prix sur différentes périodes.
- **Liste de Suivi :** Possibilité de créer une liste de suivi personnalisée pour surveiller vos actifs préférés.
- **Actualités :** Flux d'actualités pour rester informé des derniers développements du marché.

2. CoinGecko

CoinGecko est une autre plateforme largement utilisée pour suivre les prix des cryptomonnaies. Elle fournit des données complètes sur les prix, la capitalisation boursière et les volumes de trading.

Caractéristiques :

- **Données Complètes :** Informations détaillées sur les prix, la capitalisation boursière, le volume de trading et plus encore.
- **Analyse On-Chain :** Données supplémentaires sur l'activité de la blockchain et les adresses actives.
- **Classements :** Classements des cryptomonnaies selon différents critères tels que le volume de trading, la capitalisation boursière, etc.
- **Graphiques :** Graphiques interactifs pour suivre l'évolution des prix.
- **Alertes de Prix :** Fonctionnalité d'alertes pour recevoir des notifications lorsque les prix atteignent des seuils spécifiques.

3. TradingView

TradingView est une plateforme d'analyse technique très prisée par les traders pour suivre les prix et analyser les tendances des cryptomonnaies.

Caractéristiques :

- **Graphiques Avancés :** Graphiques interactifs et personnalisables avec une multitude d'indicateurs techniques.
- **Outils de Dessin :** Outils de dessin pour tracer des lignes de tendance, des niveaux de support/résistance, etc.
- **Scripts et Indicateurs Personnalisés :** Possibilité de créer et d'utiliser des scripts et des indicateurs personnalisés.
- **Communauté :** Accès à une vaste communauté de traders pour partager des idées et des analyses.
- **Alertes :** Alertes de prix et de conditions de marché pour rester informé en temps réel.

4. Finary

Finary est une application mobile populaire pour le suivi des prix des cryptomonnaies et la gestion de portefeuille.

Caractéristiques :

- **Suivi de Portefeuille :** Suivi de la performance de votre portefeuille en temps réel.
- **Alertes de Prix :** Notifications de prix personnalisées pour suivre vos actifs préférés.
- **Actualités :** Flux d'actualités intégré pour rester informé des derniers événements du marché.
- **Graphiques :** Graphiques de prix interactifs pour une analyse rapide.
- **Sécurité :** Fonctionnalités de sécurité avancées pour protéger vos données.

5. Delta

Delta est une application de suivi de portefeuille et de prix de cryptomonnaies, appréciée pour son interface intuitive et ses fonctionnalités robustes.

Caractéristiques :

- **Suivi de Portefeuille :** Gestion de portefeuille avec des mises à jour en temps réel des prix.
- **Graphiques :** Graphiques avancés pour suivre les performances des actifs.
- **Alertes de Prix :** Alertes de prix personnalisables pour recevoir des notifications instantanées.
- **Intégration d'Exchanges :** Synchronisation avec plusieurs exchanges pour un suivi précis des transactions.
- **Analyse de Portefeuille :** Outils d'analyse pour évaluer la performance de votre portefeuille.

Conclusion

Les applications et logiciels pour suivre les prix des cryptomonnaies offrent une gamme variée de fonctionnalités pour répondre aux besoins des investisseurs et des traders de tous niveaux. Que vous recherchiez des données de marché en temps réel, des outils d'analyse technique avancés, ou des alertes de prix personnalisées, il existe une solution adaptée à vos besoins. CoinMarketCap, CoinGecko, TradingView, Finary et Delta sont quelques-unes des meilleures options.

Outils d'Analyse Technique et Fondamentale

L'analyse technique et l'analyse fondamentale sont deux approches complémentaires utilisées par les investisseurs et les traders pour évaluer les cryptomonnaies et prendre des décisions éclairées. Les outils d'analyse technique se concentrent sur les données de marché et les graphiques, tandis que les outils d'analyse fondamentale examinent les aspects intrinsèques d'un projet de cryptomonnaie, tels que sa technologie, son équipe et sa tokenomics. Voici un aperçu des principaux outils disponibles pour chacune de ces approches.

Outils d'Analyse Technique

L'analyse technique utilise des graphiques et des indicateurs pour identifier les tendances du marché, les niveaux de support et de résistance, ainsi que les modèles de prix. Voici quelques-uns des outils les plus couramment utilisés :

1. **TradingView**
   - **Graphiques Avancés :** Offre des graphiques interactifs et personnalisables avec une multitude d'indicateurs techniques.
   - **Outils de Dessin :** Permet de tracer des lignes de tendance, des niveaux de support et de résistance, et d'autres annotations graphiques.
   - **Scripts et Indicateurs Personnalisés :** Possibilité de créer et d'utiliser des scripts et des indicateurs personnalisés pour des analyses plus détaillées.
2. **MetaTrader 4/5**
   - **Plateforme de Trading :** Utilisée par de nombreux traders pour ses fonctionnalités avancées de trading et d'analyse technique.
   - **Indicateurs Techniques :** Inclut des indicateurs tels que les moyennes mobiles, le RSI (Relative Strength Index), le MACD (Moving Average Convergence Divergence), et bien d'autres.
   - **Automatisation :** Permet de créer et d'exécuter des robots de trading (Expert Advisors) pour automatiser les stratégies de trading.
3. **Cryptowatch**
   - **Surveillance en Temps Réel :** Outil de surveillance des marchés offrant des graphiques en temps réel et des alertes de prix.
   - **Tableaux de Bord Personnalisés :** Permet de créer des tableaux de bord personnalisés pour suivre plusieurs cryptomonnaies simultanément.
   - **Indicateurs Techniques :** Intègre une gamme d'indicateurs techniques pour l'analyse des tendances de marché.

Outils d'Analyse Fondamentale

L'analyse fondamentale se concentre sur les aspects intrinsèques d'un projet de cryptomonnaie. Les outils d'analyse fondamentale examinent les éléments tels que la technologie sous-jacente, l'équipe de développement, la tokenomics et l'adoption du marché. Voici quelques outils et ressources essentiels pour l'analyse fondamentale :

1. **Messari**

- **Données Complètes :** Offre des analyses approfondies et des données complètes sur les cryptomonnaies, y compris les projets, les équipes et les technologies.
- **Rapports de Recherche :** Publie des rapports de recherche détaillés sur les tendances du marché, les nouvelles technologies et les développements importants.
- **Tableaux de Bord :** Permet de suivre les performances des cryptomonnaies et de comparer différents projets.

2. **DeFi Llama**
   - **Analyse DeFi :** Spécialisée dans la finance décentralisée (DeFi), DeFi Llama fournit des données sur les protocoles DeFi, y compris les TVL (Total Value Locked), les rendements, et les tendances du marché.
   - **Classements :** Classe les protocoles DeFi en fonction de divers critères, tels que la valeur totale verrouillée, la croissance et les innovations.
   - **Données de Performance :** Suivi des performances des protocoles DeFi, permettant aux investisseurs d'identifier les opportunités et les risques dans le secteur DeFi.

3. **Santiment**
   - **Sentiment du Marché :** Analyse les données de sentiment du marché en surveillant les réseaux sociaux, les forums et les actualités.
   - **Données On-Chain :** Fournit des analyses approfondies des données on-chain pour comprendre les comportements des utilisateurs et les tendances du réseau.
   - **Indicateurs de Comportement :** Utilise des indicateurs comportementaux pour prédire les mouvements de marché basés sur l'activité des baleines et d'autres acteurs importants.

4. **Glassnode**
   - **Données On-Chain :** Offre une analyse détaillée des données on-chain, y compris les adresses actives, les flux de capitaux et les comportements des détenteurs.
   - **Indicateurs Spécifiques :** Fournit des indicateurs spécifiques pour évaluer la santé du réseau et les tendances de marché.
   - **Rapports Hebdomadaires :** Publie des rapports hebdomadaires qui résument les principales tendances et les développements du marché.

Conclusion

Les outils d'analyse technique, tels que TradingView, MetaTrader 4/5 et Cryptowatch, permettent de suivre les tendances du marché et d'identifier les opportunités de trading. En parallèle, les outils d'analyse fondamentale, comme Messari, DeFi Llama, Santiment et Glassnode, offrent des informations approfondies sur les projets de cryptomonnaies, leur technologie, leur équipe et leur adoption.

Chapitre 6 : Stratégies d'Investissement Avancées

"Un bon plan, violemment exécuté maintenant, vaut mieux qu'un plan parfait exécuté la semaine prochaine." - Napoléon Bonaparte

Dans le monde tumultueux des cryptomonnaies, cette maxime de Napoléon Bonaparte résonne particulièrement. Pour réussir dans cet environnement dynamique et imprévisible, il ne suffit pas de suivre des stratégies de base. Il faut être prêt à adopter des stratégies d'investissement avancées, à agir avec détermination et à s'adapter rapidement aux conditions changeantes du marché.

Investissement à Long Terme versus Trading Actif

Lorsque vous plongez dans l'univers des cryptomonnaies, deux approches distinctes s'offrent à vous : l'investissement à long terme et le trading actif. L'investissement à long terme repose sur l'achat et la détention de cryptomonnaies sur une période prolongée, en misant sur leur croissance future. En revanche, le trading actif consiste à tirer parti des fluctuations de prix à court terme pour réaliser des profits rapides. Chacune de ces stratégies présente des avantages et des défis uniques, et le choix entre elles dépend de votre tolérance au risque, de vos objectifs financiers et de votre style de vie. Explorons ces deux approches pour vous aider à déterminer celle qui correspond le mieux à vos aspirations d'investissement.

Techniques de Trading: Day Trading, Swing Trading, Scalping

Le monde du trading de cryptomonnaies est vaste et diversifié, offrant une multitude de techniques pour capitaliser sur les fluctuations de prix. Parmi les plus populaires, on trouve le day trading, le swing trading et le scalping. Chacune de ces techniques nécessite des compétences spécifiques, des ressources temporelles, et un profil psychologique particulier. Comprendre ces différences peut vous aider à choisir la méthode qui correspond le mieux à votre style de vie et à votre tempérament.

Day Trading

Description : Le day trading consiste à acheter et vendre des cryptomonnaies au cours de la même journée, parfois en quelques heures ou minutes, pour profiter des petites variations de prix. Les day traders ferment toutes leurs positions avant la fin de la journée pour éviter les risques liés aux mouvements de prix nocturnes.

Compétences et Outils :

- Analyse technique approfondie pour identifier les opportunités de trading à court terme.
- Utilisation de graphiques, d'indicateurs techniques et de logiciels de trading automatisé.
- Surveillance constante des marchés et des actualités financières.

Style de Vie et Profil Psychologique :

- **Style de Vie :** Le day trading exige une présence constante et une disponibilité totale pendant les heures de marché, ce qui peut être contraignant pour ceux ayant d'autres engagements professionnels ou personnels.
- **Profil Psychologique :** Les day traders doivent être capables de gérer le stress et la pression intense. Ils doivent prendre des décisions rapides et rester disciplinés, même face à des pertes potentielles. La patience et la résilience sont essentielles pour réussir dans ce domaine.

Swing Trading

Description : Le swing trading vise à capturer des gains sur plusieurs jours, semaines, voire mois. Les swing traders cherchent à profiter des tendances de marché et des fluctuations intermédiaires, en tenant des positions plus longtemps que les day traders.

Compétences et Outils :

- Analyse technique et fondamentale pour identifier les tendances à moyen terme.
- Utilisation de graphiques journaliers et hebdomadaires, ainsi que d'indicateurs tels que les moyennes mobiles et le RSI.
- Moins de temps de surveillance active par rapport au day trading.

Style de Vie et Profil Psychologique :

- **Style de Vie :** Le swing trading est plus flexible que le day trading, permettant aux traders de concilier cette activité avec d'autres engagements. Les décisions ne nécessitent pas une surveillance constante, offrant ainsi plus de liberté.
- **Profil Psychologique :** Les swing traders doivent avoir la patience pour tenir des positions sur plusieurs jours ou semaines. Ils doivent rester calmes face aux fluctuations quotidiennes et ne pas réagir impulsivement aux mouvements de prix à court terme. Une capacité à analyser les tendances et à anticiper les mouvements de marché est cruciale.

Scalping

Description : Le scalping est une technique de trading à très court terme qui vise à profiter des petites variations de prix. Les scalpers effectuent de nombreuses transactions au cours de la journée, souvent en quelques secondes ou minutes, pour accumuler des gains minimes mais fréquents.

Compétences et Outils :

- Analyse technique avancée pour identifier les micro-tendances.
- Utilisation de plateformes de trading à haute fréquence et de logiciels de trading automatisé.
- Surveillance continue des marchés pour repérer les opportunités immédiates.

Style de Vie et Profil Psychologique :

- **Style de Vie :** Le scalping exige une présence constante devant les écrans et une réactivité extrême, ce qui peut être très exigeant en termes de temps et d'énergie.
- **Profil Psychologique :** Les scalpers doivent avoir une grande capacité de concentration et être capables de gérer un stress élevé. Ils doivent être rapides dans leurs décisions et exécutions, et rester disciplinés pour éviter les pertes accumulées à cause de nombreuses petites transactions. Une attention aux détails et une patience pour répéter le processus de nombreuses fois par jour sont cruciales.

Conclusion

Le choix entre le day trading, le swing trading et le scalping dépend de vos compétences, de votre disponibilité et de votre profil psychologique. Le day trading convient aux personnes disponibles en permanence et capables de gérer un stress élevé. Le swing trading offre plus de flexibilité et convient à ceux qui préfèrent une approche à moyen terme. Le scalping, quant à lui, nécessite une rapidité d'exécution et une attention constante aux détails, avec une capacité à gérer un grand nombre de transactions dans une courte période. En comprenant ces différences, vous pouvez sélectionner la technique de trading qui correspond le mieux à votre style de vie et à votre tempérament, maximisant ainsi vos chances de succès dans le marché des cryptomonnaies.

Utilisation des Ordres Limités et des Stops

Les ordres limités et les stops sont des outils essentiels pour tout trader cherchant à optimiser ses transactions et à gérer les risques dans le marché des cryptomonnaies. Ils permettent de définir des points d'entrée et de sortie précis, contribuant ainsi à une gestion plus efficace des investissements et à la minimisation des pertes. Voici comment ces outils fonctionnent et comment les intégrer dans votre stratégie de trading.

Ordres Limités

Un ordre limité est une instruction donnée à une plateforme d'échange pour acheter ou vendre une cryptomonnaie à un prix spécifique ou mieux. Cela signifie que la transaction ne sera exécutée que si le prix atteint le niveau que vous avez fixé.

Avantages des Ordres Limités :

- **Contrôle du Prix :** Vous pouvez contrôler le prix exact auquel vous souhaitez acheter ou vendre, évitant ainsi les surprises liées aux fluctuations de marché.
- **Optimisation des Profits :** Les ordres limités permettent de tirer parti des opportunités de marché en définissant des points d'entrée et de sortie optimaux.
- **Réduction des Risques :** En fixant des niveaux de prix prédéfinis, vous pouvez réduire le risque de pertes importantes dues à des mouvements de marché inattendus.

Exemple d'Utilisation : Supposons que vous souhaitiez acheter du Bitcoin à 30 000 USD, mais le prix actuel est de 32 000 USD. Vous pouvez placer un ordre limité à 30 000 USD, et la transaction ne sera exécutée que si le prix du Bitcoin descend à ce niveau.

Ordres Stops

Un ordre stop, ou ordre stop-loss, est une instruction visant à vendre une cryptomonnaie lorsque son prix atteint un certain niveau, afin de limiter les pertes. Contrairement aux ordres limités, les ordres stops sont généralement utilisés comme des mécanismes de protection.

Avantages des Ordres Stops :

- **Limitation des Pertes :** Les stops permettent de fixer un seuil de perte acceptable, protégeant ainsi votre capital contre des baisses de prix significatives.
- **Automatisation :** Ils permettent d'automatiser la vente d'actifs en cas de baisse de prix, sans nécessiter une surveillance constante du marché.
- **Gestion du Risque :** En fixant des niveaux de stop-loss, vous pouvez planifier et contrôler le risque associé à chaque position.

Exemple d'Utilisation : Supposons que vous avez acheté de l'Ethereum à 2 500 USD. Pour limiter vos pertes, vous placez un ordre stop-loss à 2 200 USD. Si le prix de l'Ethereum chute à 2 200 USD, l'ordre stop-loss sera exécuté et votre position sera vendue automatiquement.

Money Management

Le money management, ou gestion des fonds, est une composante cruciale de toute stratégie de trading. Il s'agit de l'ensemble des règles et des techniques que les traders utilisent pour gérer leur capital, déterminer la taille de leurs positions et minimiser les risques. Un money management efficace permet de protéger le capital de trading et de maximiser les gains potentiels.

Principes de Money Management :

- **Détermination de la Taille des Positions :** Évitez de risquer une trop grande partie de votre capital sur une seule transaction. Une règle couramment utilisée est de ne jamais risquer plus de 1-2% de votre capital sur une seule transaction.
- **Utilisation des Stops et des Ordres Limités :** Intégrez systématiquement des ordres stops pour limiter les pertes et des ordres limités pour sécuriser les profits.
- **Diversification :** Ne mettez pas tous vos œufs dans le même panier. Diversifiez vos investissements pour réduire le risque global.
- **Planification et Discipline :** Établissez un plan de trading clair et respectez-le. Ne laissez pas les émotions influencer vos décisions de trading.

Exemple d'Application : Si vous avez un capital de 10 000 USD et que vous suivez la règle des 2%, vous ne devriez risquer que 200 USD sur une seule transaction. Si vous placez un ordre d'achat pour une cryptomonnaie, vous définissez un stop-loss qui limite votre perte potentielle à 200 USD. Simultanément, vous pouvez définir un ordre limité pour vendre à un prix plus élevé afin de sécuriser vos profits.

Conclusion

Les ordres limités et les stops sont des outils puissants pour gérer vos transactions et minimiser les risques sur le marché des cryptomonnaies. Combinés à une stratégie de money management rigoureuse, ils vous permettent de contrôler vos pertes, de maximiser vos gains et de protéger votre capital. En intégrant ces pratiques dans votre routine de trading, vous pouvez améliorer vos chances de succès à long terme.

Investissement dans les ICO et les IEO

L'investissement dans les Initial Coin Offerings (ICO) et les Initial Exchange Offerings (IEO) représente une opportunité unique pour les investisseurs de participer à des projets de cryptomonnaies dès leurs débuts. Les ICO et les IEO permettent aux nouvelles cryptomonnaies de lever des fonds en vendant une partie de leurs tokens avant leur lancement officiel. Tandis que les ICO se déroulent directement via les développeurs du projet, les IEO sont organisées par des plateformes d'échange de cryptomonnaies, offrant une couche supplémentaire de crédibilité et de sécurité. Cependant, comme pour toute opportunité d'investissement, ces méthodes comportent des risques significatifs. Dans cette section, nous explorerons les mécanismes des ICO et des IEO, les opportunités qu'ils présentent, ainsi que les précautions à prendre pour investir en toute sécurité.

Comprendre les Initial Coin Offerings et les Initial Exchange Offerings

Les Initial Coin Offerings (ICO) et les Initial Exchange Offerings (IEO) sont des méthodes de levée de fonds populaires dans l'écosystème des cryptomonnaies. Bien qu'elles partagent des similitudes, elles présentent également des différences clés en termes de processus et de niveau de sécurité pour les investisseurs. Comprendre ces mécanismes est crucial pour évaluer les opportunités et les risques associés à ces types d'investissements.

Initial Coin Offerings (ICO)

Les ICO ont été l'une des premières méthodes utilisées par les projets de cryptomonnaies pour lever des fonds. Voici comment elles fonctionnent :

Processus d'une ICO :

1. **Conception du Projet :** L'équipe de développement crée une nouvelle cryptomonnaie ou un token basé sur une blockchain existante (souvent Ethereum).
2. **Publication du Whitepaper :** Un document détaillé, appelé whitepaper, est publié pour expliquer le projet, ses objectifs, la technologie utilisée, l'équipe derrière le projet, et les détails de la distribution des tokens.
3. **Vente de Tokens :** Les tokens sont vendus aux investisseurs en échange de cryptomonnaies établies comme Bitcoin (BTC) ou Ethereum (ETH). La vente peut se faire en plusieurs phases, avec des bonus pour les premiers contributeurs.
4. **Utilisation des Fonds :** Les fonds levés sont utilisés pour développer le projet selon la feuille de route présentée dans le whitepaper.

Avantages des ICO :

- **Accès Précoce :** Les investisseurs peuvent obtenir des tokens à un prix réduit avant leur mise en circulation sur les marchés secondaires.
- **Potentiel de Rendement Élevé :** Les ICO réussies peuvent offrir des rendements significatifs si le projet se développe comme prévu.

Risques des ICO :

- **Réglementation :** Les ICO sont souvent peu réglementées, ce qui peut entraîner des risques de fraude et de projets non aboutis.
- **Évaluation du Projet :** Les investisseurs doivent se fier aux informations fournies par l'équipe de développement, ce qui peut être insuffisant ou biaisé.

Initial Exchange Offerings (IEO)

Les IEO sont une évolution des ICO, offrant une sécurité supplémentaire en utilisant les plateformes d'échange de cryptomonnaies comme intermédiaires. Voici comment elles fonctionnent :

Processus d'une IEO :

1. **Sélection du Projet :** Un projet de cryptomonnaie sélectionne une plateforme d'échange pour organiser l'IEO.
2. **Audit et Due Diligence :** La plateforme d'échange effectue un audit et une due diligence sur le projet pour évaluer sa viabilité et sa conformité.
3. **Vente de Tokens sur l'Exchange :** Les tokens sont vendus directement sur la plateforme d'échange. Les utilisateurs de l'exchange peuvent acheter les tokens en utilisant des cryptomonnaies supportées par la plateforme.
4. **Listage Automatique :** Après la vente, les tokens sont généralement listés sur la plateforme d'échange, offrant une liquidité immédiate aux investisseurs.

Avantages des IEO :

- **Sécurité Renforcée :** Les plateformes d'échange effectuent des vérifications sur les projets, réduisant le risque de fraude.
- **Liquidité Immédiate :** Les tokens sont listés et peuvent être échangés immédiatement après la vente, offrant une liquidité rapide aux investisseurs.
- **Confiance :** La participation d'une plateforme d'échange reconnue peut renforcer la crédibilité du projet.

Risques des IEO :

- **Sélection Limitée :** Les opportunités d'investissement peuvent être limitées aux projets sélectionnés par la plateforme d'échange.
- **Contrôle Centralisé :** La dépendance à une plateforme d'échange peut introduire des risques liés à la centralisation.

Conclusion

Les ICO et les IEO offrent des opportunités intéressantes pour les investisseurs souhaitant s'impliquer dans des projets de cryptomonnaies à un stade précoce. Les ICO permettent d'accéder à des projets avant leur mise en marché, mais comportent des risques plus élevés en raison de la régulation souvent laxiste et de la difficulté à évaluer la crédibilité des projets. Les IEO, en revanche, offrent une couche supplémentaire de sécurité et de crédibilité grâce à l'implication des plateformes d'échange, bien qu'elles puissent limiter les opportunités disponibles.

Avant d'investir dans une ICO ou une IEO, il est crucial de mener une analyse approfondie du projet, de comprendre les risques associés et d'évaluer votre propre tolérance au risque. Avec une approche prudente et informée, ces méthodes de levée de fonds peuvent offrir des opportunités significatives dans l'univers dynamique des cryptomonnaies.

Comment Évaluer et Choisir les ICO/IEO Prometteurs

Investir dans les ICO (Initial Coin Offerings) et les IEO (Initial Exchange Offerings) peut offrir des opportunités lucratives, mais il est crucial de savoir comment évaluer et choisir les projets prometteurs. Voici une approche détaillée pour vous aider à naviguer dans ce processus et à faire des choix éclairés.

1. Étude du Whitepaper

Le whitepaper est le document fondamental de tout projet de cryptomonnaie. Il détaille la vision, la technologie, les cas d'utilisation, l'équipe, et les plans futurs du projet.

Ce qu'il faut chercher :

- **Clarté et Détails :** Le whitepaper doit être bien écrit, clair et complet. Il doit expliquer en détail le problème que le projet vise à résoudre, la solution proposée, et comment la technologie fonctionne.
- **Feuille de Route :** Une feuille de route claire et réaliste avec des étapes spécifiques et des délais pour le développement et le déploiement du projet.
- **Cas d'Utilisation :** Des cas d'utilisation concrets et viables qui montrent comment le projet apportera de la valeur au marché.

2. Analyse de l'Équipe

L'équipe derrière un projet est l'un des indicateurs les plus importants de son succès potentiel. Une équipe solide et expérimentée peut surmonter les obstacles et réaliser la vision du projet.

Ce qu'il faut chercher :

- **Expérience et Compétences :** Vérifiez les antécédents des membres de l'équipe. Recherchez des expériences pertinentes dans les domaines de la blockchain, de la technologie, de la finance, et de l'entrepreneuriat.
- **Transparence :** L'équipe doit être transparente sur son identité et ses antécédents. Les profils LinkedIn, les biographies détaillées, et les antécédents professionnels vérifiables sont essentiels.
- **Advisors et Partenariats :** La présence de conseillers réputés et de partenariats stratégiques peut ajouter de la crédibilité au projet.

3. Analyse de la Technologie

Comprendre la technologie sous-jacente est crucial pour évaluer le potentiel d'un projet de cryptomonnaie.

Ce qu'il faut chercher :

- **Innovation Technologique :** Le projet propose-t-il une innovation technologique réelle ou une amélioration significative par rapport aux solutions existantes ?
- **Viabilité Technique :** La technologie est-elle réalisable et bien conçue ? Recherchez des audits de code indépendants et des preuves de concepts.
- **Scalabilité et Sécurité :** La technologie est-elle capable de s'adapter à une adoption massive et de garantir la sécurité des utilisateurs ?

4. Analyse de la Tokenomics

La tokenomics, ou l'économie des tokens, est un aspect clé pour comprendre comment les tokens seront utilisés et distribués au sein de l'écosystème.

Ce qu'il faut chercher :

- **Distribution des Tokens :** Une répartition équitable et bien planifiée des tokens entre les fondateurs, les investisseurs, la communauté, et les fonds de développement.

- **Utilité des Tokens :** Les tokens ont-ils une utilité réelle dans l'écosystème du projet ? Sont-ils nécessaires pour accéder aux services, aux produits, ou pour participer à la gouvernance ?
- **Mécanismes de Récompense et de Stimulation :** Le projet propose-t-il des incitations attractives pour les utilisateurs et les participants à l'écosystème ?

5. Étude de Marché et Concurrence

Analyser le marché cible et la concurrence est essentiel pour évaluer la demande potentielle et les défis auxquels le projet pourrait être confronté.

Ce qu'il faut chercher :

- **Taille et Croissance du Marché :** Le marché cible est-il suffisamment grand et en croissance pour soutenir le projet ?
- **Analyse Concurrentielle :** Qui sont les principaux concurrents ? Comment le projet se distingue-t-il et quel avantage concurrentiel propose-t-il ?
- **Adoption et Partenariats :** Le projet a-t-il déjà des utilisateurs, des clients ou des partenaires stratégiques ?

6. Réglementation et Conformité

Les aspects réglementaires peuvent affecter la viabilité à long terme d'un projet de cryptomonnaie. Assurez-vous que le projet est conforme aux lois et réglementations applicables.

Ce qu'il faut chercher :

- **Conformité Réglementaire :** Le projet respecte-t-il les régulations locales et internationales en matière de cryptomonnaies et de financement ?
- **Transparence Légale :** Le projet a-t-il des avis juridiques et des déclarations de conformité réglementaire ?

7. Communauté et Communication

Une communauté active et un bon niveau de communication de l'équipe sont des indicateurs positifs de l'engagement et du soutien du projet.

Ce qu'il faut chercher :

- **Engagement Communautaire :** Une communauté active sur les réseaux sociaux, les forums, et d'autres plateformes. Un projet avec une communauté forte a souvent plus de chances de succès.
- **Transparence et Communication :** L'équipe communique-t-elle régulièrement et de manière transparente avec les investisseurs et les membres de la communauté ?

Conclusion

Évaluer et choisir des ICO et des IEO prometteurs nécessite une analyse approfondie de plusieurs aspects clés du projet. En examinant le whitepaper, l'équipe, la technologie, la tokenomics, le marché, la conformité réglementaire, et la communauté, vous pouvez mieux comprendre le potentiel et les risques associés à chaque projet. Cette approche vous aidera à prendre des décisions d'investissement et à maximiser vos chances de succès.

Staking et Yield Farming

Le monde de la finance décentralisée (DeFi) offre des opportunités d'investissement innovantes, notamment à travers des pratiques telles que le staking et le yield farming. Ces méthodes peuvent être comparées aux produits traditionnels du système bancaire, mais avec des rendements souvent bien plus attractifs. Tandis que les banques traditionnelles offrent des intérêts sur les comptes d'épargne et des certificats de dépôt (CD), la DeFi propose des récompenses pour le staking et le yield farming, où les utilisateurs prêtent leurs cryptomonnaies ou fournissent des liquidités à des protocoles DeFi.

Dans ce chapitre, nous allons explorer comment le staking et le yield farming fonctionnent, en quoi ils diffèrent des produits financiers traditionnels, et pourquoi ils attirent de plus en plus d'investisseurs à la recherche de rendements plus élevés et de nouvelles opportunités dans l'écosystème des cryptomonnaies. Préparez-vous à découvrir les mécanismes de la finance décentralisée et à comprendre comment ces outils peuvent transformer votre approche de l'investissement.

Principe du Staking et Comment Choisir les Meilleures Options

Le staking est une méthode d'investissement en cryptomonnaies qui permet aux détenteurs de tokens de participer au réseau blockchain en validant des transactions et en sécurisant le réseau. En retour, ils reçoivent des récompenses sous forme de tokens supplémentaires. Le staking repose sur le mécanisme de consensus Proof of Stake (PoS), où la probabilité de valider un bloc et de recevoir une récompense est proportionnelle à la quantité de tokens stakés par un utilisateur.

Principe du Staking

Fonctionnement :

1. **Sélection d'une Blockchain PoS :** Le staking est possible sur les blockchains qui utilisent le mécanisme de consensus Proof of Stake ou ses variantes, telles que le Delegated Proof of Stake (DPoS).
2. **Verrouillage des Tokens :** Les utilisateurs verrouillent leurs tokens dans un portefeuille spécifique pour participer au processus de validation des transactions.
3. **Validation et Récompenses :** En validant les transactions, les stakers contribuent à la sécurité du réseau et reçoivent des récompenses proportionnelles à leur contribution en tokens.
4. **Déverrouillage :** Les tokens peuvent généralement être déverrouillés et récupérés après une période de lock-up prédéterminée, bien que cette période puisse varier selon les réseaux.

Comment Choisir les Meilleures Options de Staking

1. Rentabilité :

- **Taux de Rendement Annuel (APY) :** Recherchez les projets offrant des taux de rendement attractifs. Comparez les APY entre différents projets pour identifier les opportunités les plus lucratives.
- **Inflation des Tokens :** Prenez en compte l'inflation des tokens. Un APY élevé peut être compensé par une forte inflation, réduisant ainsi la valeur réelle des récompenses.

2. Sécurité :

- **Réputation de la Blockchain :** Optez pour des blockchains bien établies et réputées pour leur sécurité. Vérifiez les antécédents du projet et les audits de sécurité.
- **Validateurs de Confiance :** Si vous déléguez vos tokens, choisissez des validateurs réputés et fiables. Consultez les avis de la communauté et les performances des validateurs.

3. Liquidité :

- **Période de Lock-up :** Considérez la période pendant laquelle vos tokens seront verrouillés. Les périodes de lock-up longues peuvent limiter votre flexibilité en cas de besoin urgent de liquidités.
- **Facilité de Retrait :** Vérifiez les conditions de retrait et les éventuels frais associés.

4. Communauté et Support :

- **Activité Communautaire :** Une communauté active et engagée est souvent un bon signe de la santé d'un projet. Rejoignez les forums et les groupes de discussion pour rester informé.
- **Support Technique :** Assurez-vous que le projet offre un support technique efficace en cas de problèmes.

Liquid Staking et Restaking

Le liquid staking est une innovation récente dans le domaine du staking, permettant aux utilisateurs de staker leurs tokens tout en conservant la liquidité de ces derniers. En liquid staking, les utilisateurs reçoivent des tokens représentant leur montant staké, qui peuvent être utilisés pour d'autres activités DeFi, comme le trading ou le yield farming. Cela offre une flexibilité accrue et permet de maximiser les rendements sur les investissements.

Le restaking, quant à lui, implique de réinvestir les récompenses obtenues par le staking pour générer des intérêts composés. Cela peut considérablement augmenter les rendements sur le long terme, car les récompenses supplémentaires sont elles-mêmes stakées, créant un effet boule de neige de croissance des intérêts.

Exemples Concrets de Rendement en Staking

1. **Ethereum 2.0 :**
   - **APY :** Environ 4-7% annuel.
   - **Détails :** En participant au staking sur Ethereum 2.0, les utilisateurs contribuent à la transition de la blockchain vers un modèle PoS. Les tokens ETH stakés sont verrouillés jusqu'à la phase 1.5 de la mise à jour Ethereum 2.0, mais les récompenses peuvent être significatives pour ceux qui sont prêts à attendre.
2. **Cardano (ADA) :**
   - **APY :** Environ 5-7% annuel.
   - **Détails :** Cardano utilise un mécanisme PoS appelé Ouroboros. Les utilisateurs peuvent déléguer leurs ADA à des pools de staking pour participer au processus de validation des transactions. Cardano offre des périodes de lock-up relativement courtes, rendant le staking plus flexible pour les utilisateurs.

3. **Liquid Staking avec Lido (stETH) :**
    - **APY :** Environ 5-8% annuel.
    - **Détails :** Lido permet le liquid staking pour Ethereum 2.0. Les utilisateurs stakent leur ETH et reçoivent des stETH en retour, représentant leur ETH staké. Ces stETH peuvent être utilisés dans d'autres protocoles DeFi pour générer des rendements supplémentaires. En combinant le liquid staking et le restaking des récompenses, les utilisateurs peuvent augmenter leurs rendements de manière significative.

Conclusion

Le staking est une méthode efficace pour générer des revenus passifs tout en soutenant la sécurité et l'efficacité des réseaux blockchain. En choisissant les meilleures options de staking en fonction de la rentabilité, de la sécurité, de la liquidité et du support communautaire, vous pouvez maximiser vos rendements tout en minimisant les risques. Les innovations comme le liquid staking et le restaking offrent des opportunités supplémentaires pour optimiser vos investissements. Les exemples de rendements sur Ethereum 2.0, Cardano, et le liquid staking avec Lido montrent le potentiel du staking pour les investisseurs cherchant à profiter des avantages de la finance décentralisée.

Introduction au Yield Farming et aux Plateformes DeFi

Le yield farming est une stratégie d'investissement émergente dans l'univers des cryptomonnaies qui permet aux utilisateurs de prêter ou de fournir des liquidités à des plateformes de finance décentralisée (DeFi) en échange de récompenses. Ces récompenses, souvent en tokens de gouvernance ou autres cryptomonnaies, peuvent générer des rendements élevés, surpassant largement ceux des investissements traditionnels. Le yield farming est devenu une composante clé de l'écosystème DeFi, attirant de nombreux investisseurs à la recherche de rendements attractifs.

Principes du Yield Farming

Fonctionnement :

1. **Fourniture de Liquidités :** Les utilisateurs déposent leurs cryptomonnaies dans des pools de liquidité sur des plateformes DeFi. Ces pools sont utilisés pour faciliter le trading et les échanges de tokens.
2. **Récompenses en Tokens :** En retour, les fournisseurs de liquidité reçoivent des récompenses sous forme de tokens. Ces récompenses peuvent provenir des frais de transaction payés par les utilisateurs des plateformes ou de la distribution de nouveaux tokens.

3. **Optimisation des Rendements :** Les yield farmers peuvent déplacer leurs fonds entre différents pools et plateformes pour maximiser leurs rendements, une pratique connue sous le nom de "liquidity mining".

Plateformes DeFi pour le Yield Farming

Les plateformes DeFi jouent un rôle crucial en fournissant l'infrastructure nécessaire pour le yield farming. Voici quelques-unes des plateformes les plus populaires et innovantes dans ce domaine :

1. **Uniswap :**
   - **Description :** Uniswap est un échange décentralisé (DEX) basé sur Ethereum qui permet aux utilisateurs d'échanger des tokens ERC-20. Les fournisseurs de liquidité déposent des paires de tokens dans des pools et reçoivent une part des frais de transaction.
   - **Avantages :** Interface utilisateur conviviale, grande liquidité et une large variété de paires de trading disponibles.
2. **Compound :**
   - **Description :** Compound est un protocole de prêt et d'emprunt décentralisé. Les utilisateurs peuvent déposer leurs cryptomonnaies pour gagner des intérêts ou emprunter contre des collatéraux.
   - **Avantages :** Récompenses supplémentaires en tokens COMP pour les fournisseurs de liquidité, augmentant les rendements potentiels.
3. **Aave :**
   - **Description :** Aave est un protocole de prêt décentralisé offrant des fonctionnalités innovantes comme les prêts flash et le swap de taux d'intérêt. Les fournisseurs de liquidité gagnent des intérêts sur leurs dépôts.
   - **Avantages :** Flexibilité et sécurité renforcée, large choix de cryptomonnaies supportées.
4. **Yearn Finance :**
   - **Description :** Yearn Finance automatise le yield farming en déplaçant les fonds des utilisateurs entre différentes plateformes pour optimiser les rendements.
   - **Avantages :** Optimisation automatique des rendements, gestion simplifiée pour les utilisateurs, récompenses en tokens YFI.

Avantages du Yield Farming

Rendements Élevés : Le yield farming peut offrir des rendements nettement supérieurs à ceux des investissements traditionnels, attirant de nombreux investisseurs à la recherche de gains rapides.

Diversification : En fournissant des liquidités à différents pools et plateformes, les yield farmers peuvent diversifier leurs sources de revenus et réduire les risques liés à un seul investissement.

Participation à la Gouvernance : Les récompenses en tokens de gouvernance permettent aux yield farmers de participer aux décisions importantes concernant le développement et la gestion des protocoles DeFi.

Risques du Yield Farming

Volatilité des Marchés : Les cryptomonnaies sont sujettes à des fluctuations de prix importantes, ce qui peut affecter la valeur des fonds investis.

Risque de Liquidité : Les pools de liquidité peuvent devenir moins attractifs si les rendements diminuent, rendant plus difficile le retrait des fonds sans pertes.

Sécurité et Fraude : Les protocoles DeFi peuvent être vulnérables aux bugs et aux attaques, et tous les projets ne sont pas exempts de fraudes potentielles. Il est essentiel de choisir des plateformes bien établies et sécurisées.

Conclusion

Le yield farming est une méthode puissante pour générer des rendements élevés dans l'écosystème DeFi. En comprenant les principes fondamentaux et en utilisant les bonnes plateformes, les investisseurs peuvent tirer parti de ces opportunités lucratives. Cependant, il est crucial de rester conscient des risques inhérents et de faire des recherches approfondies avant de s'engager dans le yield farming. Avec une stratégie bien informée, le yield farming peut être une addition précieuse à un portefeuille d'investissement en cryptomonnaies.

Chapitre 7 : Aspects Juridiques et Fiscaux

Ah, les impôts ! La seule chose aussi certaine que la mort, selon Benjamin Franklin. Si vous pensiez que plonger dans le monde des cryptomonnaies allait vous permettre d'échapper aux griffes du fisc, détrompez-vous. Dans ce chapitre, nous allons explorer les aspects juridiques et fiscaux liés aux investissements en cryptomonnaies. Oui, même dans l'univers décentralisé et innovant des actifs numériques, l'ombre des taxes plane toujours. Mais ne vous inquiétez pas, nous vous guiderons à travers ce labyrinthe fiscal pour que vous puissiez naviguer en toute sérénité et conformité. Préparez-vous à découvrir comment respecter les régulations sans perdre votre sens de l'humour (ou votre portefeuille).

Réglementation des Cryptomonnaies

Naviguer dans l'univers des cryptomonnaies est passionnant, mais comprendre la réglementation qui l'entoure est tout aussi crucial. Les régulateurs du monde entier, y compris la célèbre SEC (Securities and Exchange Commission) des États-Unis, jouent un rôle clé dans la supervision de ce marché en pleine expansion. Alors que les cryptomonnaies offrent des opportunités incroyables, elles attirent également l'attention des autorités réglementaires, soucieuses de protéger les investisseurs et d'assurer l'intégrité des marchés financiers. Dans cette section, nous explorerons les diverses régulations qui encadrent les cryptomonnaies, afin de vous aider à naviguer en toute conformité dans ce paysage réglementaire complexe. Préparez-vous à découvrir les règles du jeu et à comprendre comment la vigilance réglementaire de la SEC et d'autres organismes peut impacter vos investissements en actifs numériques.

Cadre Juridique dans Différentes Régions du Monde

Les cryptomonnaies et la technologie blockchain sont des innovations mondiales, et chaque région du monde aborde leur régulation de manière unique. Comprendre ces différences est essentiel pour les investisseurs et les entrepreneurs qui souhaitent opérer à l'international. Voici un aperçu du cadre juridique des cryptomonnaies dans quelques régions clés du monde.

États-Unis

Aux États-Unis, la réglementation des cryptomonnaies est complexe et implique plusieurs agences gouvernementales.

Securities and Exchange Commission (SEC) :

- La SEC régule les cryptomonnaies considérées comme des valeurs mobilières (securities). Elle a pris des mesures strictes contre les ICOs non conformes et continue de surveiller les projets pour protéger les investisseurs.

Commodities Futures Trading Commission (CFTC) :

- La CFTC régule les cryptomonnaies comme des marchandises (commodities). Elle supervise le trading de dérivés de cryptomonnaies et d'autres instruments financiers basés sur des actifs numériques.

Financial Crimes Enforcement Network (FinCEN) :

- FinCEN impose des exigences strictes de lutte contre le blanchiment d'argent (AML) et de connaissance du client (KYC) pour les exchanges de cryptomonnaies.

Federal Reserve (FED) :

- La FED ne régule pas directement les cryptomonnaies, mais elle influence la politique monétaire et la stabilité financière globale, ce qui peut avoir un impact sur le marché des cryptomonnaies. La FED surveille également les développements liés aux monnaies numériques de banque centrale (CBDC) et leurs implications économiques.

Union Européenne

L'Union Européenne travaille à harmoniser la réglementation des cryptomonnaies entre ses États membres.

Cinquième Directive Anti-Blanchiment (AMLD5) :

- AMLD5 impose des exigences de KYC et de reporting aux fournisseurs de services de cryptomonnaies, y compris les exchanges et les portefeuilles.

MiCA (Markets in Crypto-Assets) :

- Le règlement MiCA, en cours de finalisation, vise à créer un cadre réglementaire complet pour les cryptomonnaies et les tokens. Il couvrira des aspects tels que les offres de tokens, les stablecoins, et les exigences de transparence pour les fournisseurs de services.

Banque Centrale Européenne (BCE) :

- La BCE a exprimé des préoccupations concernant la stabilité financière et la protection des consommateurs. Elle travaille sur la mise en place de réglementations supplémentaires pour les cryptomonnaies et les stablecoins.

Asie

L'Asie présente une mosaïque de régulations allant de l'interdiction stricte à l'accueil enthousiaste des cryptomonnaies.

Chine :

- La Chine a interdit le trading de cryptomonnaies et les ICOs. Cependant, elle explore activement la technologie blockchain et a lancé son propre yuan numérique (DCEP).

Japon :

- Le Japon a été l'un des premiers pays à reconnaître le Bitcoin comme moyen de paiement légal. La Financial Services Agency (FSA) régule les exchanges de cryptomonnaies et impose des exigences strictes de KYC et de sécurité.

Singapour :

- Singapour adopte une approche favorable avec une réglementation claire. La Monetary Authority of Singapore (MAS) régule les cryptomonnaies sous la Payment Services Act, qui couvre les aspects de KYC, AML, et la protection des consommateurs.

Moyen-Orient

Le Moyen-Orient adopte une approche prudente mais progressive envers les cryptomonnaies.

Émirats Arabes Unis :

- Les Émirats Arabes Unis, et en particulier Dubaï, cherchent à devenir un hub pour la blockchain et les cryptomonnaies. La Dubai Multi Commodities Centre (DMCC) a mis en place un cadre pour les entreprises de cryptomonnaies opérant dans ses zones franches.

Arabie Saoudite :

- L'Arabie Saoudite, par le biais de la Saudi Arabian Monetary Authority (SAMA), a interdit le trading de cryptomonnaies mais explore activement les applications de la blockchain pour des secteurs tels que les finances et les services publics.

Afrique

L'Afrique montre une adoption croissante des cryptomonnaies, mais la réglementation varie considérablement.

Nigéria :

- Le Nigéria est un des leaders mondiaux en termes d'adoption de Bitcoin. La Central Bank of Nigeria (CBN) a émis des directives contre les cryptomonnaies, mais l'utilisation reste répandue.

Afrique du Sud :

- La South African Reserve Bank (SARB) travaille sur des régulations pour les cryptomonnaies, axées sur la protection des consommateurs et la lutte contre le blanchiment d'argent.

Conclusion

Le cadre juridique des cryptomonnaies varie considérablement à travers le monde, influençant la manière dont les investisseurs et les entreprises peuvent interagir avec les actifs numériques. Alors que certains pays adoptent une approche stricte et réglementée, d'autres cherchent à tirer parti des avantages de la technologie blockchain en créant des environnements favorables à l'innovation. Pour naviguer efficacement dans cet environnement global, il est crucial de rester informé des régulations locales et de comprendre comment elles peuvent affecter vos activités en cryptomonnaies.

Importance de Rester Informé sur les Changements Législatifs

L'univers des cryptomonnaies évolue rapidement, et avec lui, le cadre législatif et réglementaire. Rester informé sur les changements législatifs est crucial pour les investisseurs et les entreprises opérant dans ce domaine. Les régulations peuvent avoir un impact significatif sur les opérations, la sécurité des investissements, et la conformité légale. Voici pourquoi il est essentiel de suivre de près les évolutions législatives et quelques sources fiables pour rester informé.

Pourquoi Rester Informé est Crucial

1. Conformité Réglementaire : Les régulations concernant les cryptomonnaies peuvent varier considérablement d'un pays à l'autre et changer rapidement. Pour éviter les sanctions, les amendes, ou même la fermeture forcée des opérations, il est crucial de s'assurer que vos activités respectent les dernières régulations en vigueur.

2. Sécurité des Investissements : Les changements législatifs peuvent influencer directement la valeur des cryptomonnaies. Des régulations plus strictes peuvent conduire à une baisse des prix, tandis que des régulations favorables peuvent stimuler la croissance. Être informé vous permet de prendre des décisions d'investissement plus éclairées.

3. Opportunités de Marché : Les nouvelles régulations peuvent créer des opportunités de marché. Par exemple, l'introduction de régulations favorables peut ouvrir de nouveaux marchés ou faciliter l'accès à des produits financiers innovants. En étant informé, vous pouvez saisir ces opportunités avant les autres.

4. Prévention des Fraudes : Rester informé des dernières régulations et des initiatives des autorités peut également aider à détecter et à éviter les projets frauduleux ou les arnaques. Les régulateurs publient souvent des alertes concernant les projets suspects ou non conformes.

Sources Fiables pour Rester Informé

1. **Sites Web des Régulateurs :**
   - **Securities and Exchange Commission (SEC) :** www.sec.gov
   - **Commodities Futures Trading Commission (CFTC) :** www.cftc.gov
   - **Financial Crimes Enforcement Network (FinCEN) :** www.fincen.gov
   - **European Securities and Markets Authority (ESMA) :** www.esma.europa.eu
2. **Médias Spécialisés :**
   - **CoinDesk :** www.coindesk.com - Actualités et analyses sur les cryptomonnaies et la blockchain.
   - **CoinTelegraph :** www.cointelegraph.com - Informations sur les développements réglementaires et les tendances du marché.
   - **The Block :** www.theblockcrypto.com - Rapports approfondis et analyses sur les régulations et les marchés cryptographiques.
3. **Publications Légales et Financières :**
   - **Reuters :** www.reuters.com - Actualités financières et mises à jour sur les régulations mondiales.
   - **Bloomberg Law :** www.bloomberglaw.com - Analyses juridiques et mises à jour réglementaires.
   - **Law360 :** www.law360.com - Informations juridiques et régulatoires spécifiques aux cryptomonnaies.
4. **Réseaux Sociaux et Communautés en Ligne :**
   - **Twitter :** Suivez les régulateurs, les experts en cryptomonnaies, et les leaders d'opinion pour des mises à jour en temps réel.
   - **Reddit :** Participez à des forums tels que r/CryptoCurrency et r/Bitcoin pour des discussions et des informations communautaires.
   - **LinkedIn :** Rejoignez des groupes professionnels et suivez des pages d'entreprises et d'experts du secteur pour des analyses et des actualités.
5. **Bulletins d'Information et Newsletters :**

- **Messari :** Newsletter quotidienne avec des analyses approfondies et des mises à jour sur les régulations.
- **The Daily Hodl :** Newsletter offrant des actualités et des analyses sur les cryptomonnaies et les régulations.

Conclusion

Rester informé sur les changements législatifs est essentiel pour naviguer dans le monde dynamique des cryptomonnaies. En suivant des sources fiables et en se tenant au courant des dernières régulations, les investisseurs et les entreprises peuvent assurer leur conformité, protéger leurs investissements et saisir de nouvelles opportunités de marché. Adoptez une approche proactive pour vous maintenir informé et naviguer avec succès dans cet environnement en constante évolution.

Fiscalité des Gains en Cryptomonnaies

Investir dans les cryptomonnaies peut s'avérer extrêmement lucratif, mais il ne faut pas oublier l'une des réalités incontournables de tout gain financier : les impôts. La fiscalité des gains en cryptomonnaies est un domaine complexe et en constante évolution, qui varie considérablement d'un pays à l'autre. Comprendre comment vos gains seront imposés est crucial pour éviter les mauvaises surprises et rester en conformité avec les lois fiscales de votre pays. Dans cette section, nous explorerons les différentes façons dont les gains en cryptomonnaies peuvent être taxés, les obligations de déclaration, et les stratégies pour optimiser votre fiscalité. Préparez-vous à naviguer dans le labyrinthe fiscal des cryptomonnaies et à découvrir comment gérer efficacement vos obligations fiscales tout en maximisant vos profits.

Déclaration des Gains et des Pertes

Déclarer correctement ses gains et ses pertes en cryptomonnaies est une obligation fiscale essentielle pour tous les investisseurs. En France, le cadre fiscal pour les cryptomonnaies a été clarifié au fil des ans, et il est crucial de bien comprendre ces règles pour éviter des pénalités et optimiser votre situation fiscale. Voici comment vous pouvez déclarer vos gains et pertes en cryptomonnaies en respectant la législation française.

Fiscalité Française des Cryptomonnaies

En France, la fiscalité des cryptomonnaies est régie par des règles spécifiques détaillées dans le Code général des impôts. Les gains issus de la vente de cryptomonnaies sont considérés comme des plus-values et sont soumis à l'impôt sur le revenu.

Impôt sur les Plus-Values : Depuis 2019, les gains en capital réalisés lors de la cession de cryptomonnaies par des particuliers sont imposés au taux forfaitaire unique de 30%, également connu sous le nom de Prélèvement Forfaitaire Unique (PFU) ou "flat tax". Ce taux comprend :

- 12,8% d'impôt sur le revenu.
- 17,2% de prélèvements sociaux.

Calcul des Gains et Pertes : Pour déterminer le montant des plus-values imposables, il est essentiel de calculer correctement vos gains et pertes. Voici les étapes pour calculer vos plus-values :

1. **Détermination du Prix d'Acquisition :**
   o Le prix d'acquisition correspond au coût d'achat des cryptomonnaies, y compris les frais de transaction.
2. **Détermination du Prix de Cession :**
   o Le prix de cession est le montant pour lequel vous avez vendu vos cryptomonnaies, net de frais de transaction.
3. **Calcul de la Plus-Value ou de la Moins-Value :**
   o La plus-value est calculée en soustrayant le prix d'acquisition du prix de cession. Si le résultat est positif, il s'agit d'une plus-value. Si le résultat est négatif, il s'agit d'une moins-value.

Exemple de Calcul : Supposons que vous avez acheté 1 Bitcoin pour 30 000 euros, incluant 500 euros de frais de transaction, et que vous le vendez plus tard pour 40 000 euros, incluant 500 euros de frais de transaction de vente.

- Prix d'acquisition : 30 000 euros
- Prix de cession : 40 000 euros
- Plus-value : 40 000 - 30 000 = 10 000 euros

Cette plus-value de 10 000 euros sera alors soumise au PFU de 30%.

Déclaration des Gains et Pertes

En France, la déclaration des gains et pertes en cryptomonnaies se fait via la déclaration annuelle de revenus. Voici les étapes à suivre :

1. **Formulaire 2042 :**
   o Utilisez le formulaire 2042 pour déclarer vos revenus. Les gains en cryptomonnaies doivent être inclus dans ce formulaire.
2. **Formulaire 2086 :**

- Pour détailler les plus-values de cession de cryptomonnaies, utilisez le formulaire 2086. Ce formulaire permet de déclarer les cessions effectuées au cours de l'année et de calculer les plus-values ou moins-values correspondantes.
3. **Reporting des Comptes :**
    - Si vous détenez des comptes à l'étranger pour acheter ou vendre des cryptomonnaies (par exemple, sur des exchanges non domiciliés en France), vous devez les déclarer en utilisant le formulaire 3916.
4. **Conservation des Justificatifs :**
    - Conservez tous les justificatifs de transactions, y compris les relevés d'exchange, les factures d'achat et de vente, ainsi que les frais de transaction. Ces documents peuvent être demandés en cas de contrôle fiscal.

Optimisation Fiscale

Pour optimiser votre fiscalité, il est important de considérer quelques stratégies :

- **Déduction des Moins-Values :** Les moins-values peuvent être déduites des plus-values de l'année ou des années suivantes, ce qui peut réduire votre base imposable.
- **Fractionnement des Ventes :** En fractionnant les ventes de cryptomonnaies sur plusieurs années, vous pouvez gérer plus efficacement l'impact fiscal.
- **Utilisation de Services de Comptabilité Crypto :** Des services spécialisés peuvent aider à automatiser le calcul des plus-values et à générer les rapports nécessaires pour la déclaration fiscale.

Conclusion

Déclarer correctement vos gains et pertes en cryptomonnaies est essentiel pour respecter les obligations fiscales en France. En comprenant les règles de calcul des plus-values, en utilisant les bons formulaires et en conservant des justificatifs précis, vous pouvez naviguer sereinement dans le cadre fiscal français. Avec une bonne gestion et des stratégies d'optimisation, vous pouvez minimiser votre charge fiscale et maximiser vos bénéfices issus de vos investissements en cryptomonnaies.

Optimisation Fiscale pour les Investisseurs en Cryptomonnaie

L'optimisation fiscale est une stratégie essentielle pour tout investisseur en cryptomonnaie cherchant à maximiser ses gains tout en minimisant ses obligations fiscales. En France, comme dans de nombreux autres pays, il existe des moyens légaux d'optimiser votre fiscalité sur les cryptomonnaies. Voici quelques-unes des meilleures pratiques et stratégies pour y parvenir.

1. Utilisation des Moins-Values

Les moins-values peuvent être un outil précieux pour réduire votre charge fiscale. En France, vous pouvez compenser les plus-values de cession de cryptomonnaies par des moins-values réalisées au cours de la même année.

Stratégie :

- **Récolte de Pertes Fiscales (Tax-Loss Harvesting) :** Cette stratégie consiste à vendre des actifs en perte pour réaliser une moins-value, puis à racheter des actifs similaires. Cela permet de réduire le montant total des plus-values imposables.
- **Report des Moins-Values :** Si vos moins-values excèdent vos plus-values pour une année donnée, vous pouvez reporter ces moins-values sur les années suivantes, réduisant ainsi les impôts futurs.

2. Fractionnement des Ventes

Le fractionnement des ventes consiste à répartir la vente de vos cryptomonnaies sur plusieurs années pour lisser les gains et éviter de tomber dans une tranche d'imposition plus élevée.

Stratégie :

- **Ventes échelonnées :** En vendant progressivement vos cryptomonnaies, vous pouvez gérer le montant de vos gains chaque année et potentiellement rester dans une tranche d'imposition plus basse, ce qui réduit le taux d'imposition effectif sur vos plus-values.

3. Exploitation des Exemptions Fiscales

Il existe certaines exemptions fiscales et des montants non imposables qui peuvent être utilisés pour réduire votre charge fiscale.

Stratégie :

- **Abattements** : En France, certaines petites transactions peuvent être exemptées d'impôt sur les plus-values si elles ne dépassent pas un certain seuil (par exemple, les ventes inférieures à 305 euros par an). Assurez-vous de connaître ces exemptions et de les utiliser à votre avantage.

4. Utilisation des Comptes Exonérés d'Impôts

Dans certains pays, les comptes de retraite ou d'autres types de comptes exonérés d'impôts peuvent être utilisés pour acheter et vendre des cryptomonnaies sans déclencher immédiatement des événements imposables.

Stratégie :

- **Comptes de Retraite Individuelle (IRA) ou Comptes de Retraite Similaires** : Bien que cela soit plus commun aux États-Unis, il est utile de vérifier si des structures similaires existent en France ou en Europe qui pourraient offrir des avantages fiscaux pour les investissements en cryptomonnaies.

5. Domiciliation dans des Juridictions Favorables

Certaines juridictions offrent des régimes fiscaux plus favorables pour les investisseurs en cryptomonnaies. Déménager dans une de ces juridictions peut réduire considérablement vos obligations fiscales.

Stratégie :

- **Déménagement** : Si vous êtes un investisseur important et flexible, envisager de déménager dans un pays avec une fiscalité plus avantageuse pour les cryptomonnaies, comme le Portugal ou Malte, peut être bénéfique. Ces pays ont des lois fiscales spécifiques qui exonèrent ou réduisent les impôts sur les gains en cryptomonnaies.

6. Utilisation de Services Professionnels

Faire appel à des experts en fiscalité et à des services de comptabilité spécialisés dans les cryptomonnaies peut vous aider à naviguer dans les complexités fiscales et à maximiser vos avantages.

Stratégie :

- **Conseillers Fiscaux et Comptables Spécialisés** : Travailler avec des professionnels qui comprennent les nuances de la fiscalité des cryptomonnaies peut vous aider à structurer vos transactions de manière optimale, à éviter les erreurs coûteuses et à tirer parti de toutes les opportunités d'optimisation fiscale.

Conclusion

L'optimisation fiscale est une composante cruciale de la gestion de vos investissements en cryptomonnaies. En utilisant des stratégies telles que la récolte de pertes fiscales, le fractionnement des ventes, l'exploitation des exemptions fiscales, l'utilisation de comptes exonérés d'impôts, la domiciliation dans des juridictions favorables et en faisant appel à des services professionnels, vous pouvez réduire votre charge fiscale et maximiser vos gains. Une planification fiscale proactive et une compréhension approfondie des réglementations fiscales en vigueur vous permettront de naviguer sereinement dans le paysage complexe de la fiscalité des cryptomonnaies.

Chapitre 8 : Études de Cas et Témoignages

Dans le monde des cryptomonnaies, chaque investisseur a une histoire unique à raconter. Leurs expériences variées offrent des leçons précieuses et des insights inestimables pour quiconque s'intéresse à l'investissement en actifs numériques. Dans ce chapitre, nous plongerons dans des études de cas réels et des témoignages de divers investisseurs et experts. Vous découvrirez comment ils ont navigué dans ce marché volatile, surmonté les défis, et saisi les opportunités pour réussir. Préparez-vous à apprendre des réussites inspirantes et des échecs instructifs qui vous guideront dans votre propre parcours en cryptomonnaies.

Témoignages et Stratégies de Différents Investisseurs

Les témoignages et les stratégies des investisseurs en cryptomonnaies offrent une perspective précieuse sur les différentes approches possibles dans ce domaine. Voici trois histoires distinctes d'investisseurs qui ont navigué dans le monde des cryptomonnaies avec des stratégies variées et des résultats divers.

Marie, l'Investisseur à Long Terme

Contexte : Marie, une professionnelle de la finance de 35 ans, s'est intéressée aux cryptomonnaies en 2016. Fascinée par la technologie blockchain et convaincue de son potentiel à long terme, elle a décidé d'adopter une stratégie d'investissement à long terme.

Stratégie :

- **Diversification du Portefeuille :** Marie a investi dans plusieurs cryptomonnaies majeures, notamment Bitcoin (BTC), Ethereum (ETH) et Litecoin (LTC). Elle a également alloué une petite partie de son portefeuille à des altcoins prometteurs comme Cardano (ADA) et Polkadot (DOT).
- **HODL :** Sa stratégie principale était de "HODL" (Hold On for Dear Life), c'est-à-dire de conserver ses actifs sur le long terme, indépendamment des fluctuations du marché.
- **Staking :** Pour maximiser ses rendements, Marie a également pratiqué le staking sur certaines de ses cryptomonnaies, notamment Ethereum et Cardano.

Résultats : Grâce à sa stratégie patiente et diversifiée, Marie a vu son portefeuille croître de manière significative, particulièrement avec la hausse spectaculaire de Bitcoin et Ethereum. Sa conviction dans le potentiel à long terme des cryptomonnaies a porté ses fruits, lui permettant d'obtenir des rendements impressionnants.

Pierre, le Trader Actif

Contexte : Pierre, 29 ans, est un ancien trader sur les marchés boursiers traditionnels. En 2017, attiré par la volatilité des cryptomonnaies, il a décidé de transférer ses compétences en trading à ce nouveau marché.

Stratégie :

- **Day Trading et Swing Trading :** Pierre a adopté une approche de trading actif, utilisant des stratégies de day trading pour profiter des mouvements intrajournaliers et de swing trading pour capturer des gains sur plusieurs jours ou semaines.
- **Analyse Technique :** Il s'est appuyé fortement sur l'analyse technique, utilisant des indicateurs comme les moyennes mobiles, le RSI (Relative Strength Index) et les figures de prix pour prendre ses décisions de trading.
- **Arbitrage :** Pierre a également pratiqué l'arbitrage, exploitant les différences de prix entre différentes plateformes d'échange pour réaliser des profits rapides.

Résultats : Bien que le trading actif ait été stressant et exigeant, Pierre a réussi à réaliser des profits conséquents grâce à sa discipline et à son expertise en analyse technique. Toutefois, il a également expérimenté des pertes importantes lors de périodes de forte volatilité, soulignant les risques inhérents à cette approche.

Laura, l'Exploratrice DeFi

Contexte : Laura, 32 ans, est une ingénieure en informatique passionnée par la technologie blockchain et la finance décentralisée (DeFi). En 2020, elle a décidé de concentrer ses investissements sur les projets DeFi émergents.

Stratégie :

- **Yield Farming :** Laura a investi dans des protocoles DeFi comme Uniswap, Aave et Compound, participant au yield farming pour obtenir des rendements élevés en fournissant des liquidités à ces plateformes.
- **Participation à des ICO/IEO :** Elle a également investi dans des ICO (Initial Coin Offerings) et IEO (Initial Exchange Offerings) de projets DeFi prometteurs, comme SushiSwap et Yearn Finance.
- **Utilisation de DEX (Exchanges Décentralisés) :** Laura a préféré les DEX pour leurs avantages en termes de décentralisation et de contrôle des fonds, utilisant des plateformes comme Uniswap et SushiSwap pour ses transactions.

Résultats : L'investissement de Laura dans la DeFi a été très fructueux, notamment grâce aux rendements élevés offerts par le yield farming. Elle a réussi à identifier des projets prometteurs et à entrer tôt, ce qui lui a permis de bénéficier des augmentations de valeur significatives. Cependant, elle a également appris à gérer les risques de sécurité et les pertes potentielles liées aux protocoles DeFi moins fiables.

Conclusion

Les témoignages de Marie, Pierre et Laura illustrent la diversité des stratégies possibles dans l'investissement en cryptomonnaies. Que ce soit à travers une approche à long terme, le trading actif ou l'exploration des opportunités DeFi, chaque investisseur peut trouver une méthode qui correspond à ses compétences, ses objectifs et sa tolérance au risque. En s'inspirant de leurs expériences, vous pouvez mieux comprendre les différentes dynamiques du marché des cryptomonnaies et affiner votre propre stratégie d'investissement.

Exemples d'Erreurs Courantes et Comment les Éviter

Investir dans les cryptomonnaies peut être extrêmement lucratif, mais le marché est également truffé de pièges et d'erreurs potentielles. Apprendre des erreurs courantes commises par d'autres investisseurs peut vous aider à naviguer plus prudemment et à optimiser vos chances de succès. Voici quelques-unes des erreurs les plus fréquentes et des conseils sur la façon de les éviter.

1. Manque de Recherche

Erreur Courante : Beaucoup d'investisseurs achètent des cryptomonnaies sur un coup de tête, souvent en se basant sur des rumeurs, des recommandations non vérifiées, ou des tendances du moment. Le manque de recherche approfondie peut conduire à des investissements dans des projets peu fiables ou surévalués.

Comment l'Éviter :

- **Faites vos propres recherches (DYOR) :** Analysez en profondeur chaque projet. Lisez le whitepaper, évaluez l'équipe derrière le projet, et examinez la technologie et le cas d'utilisation.
- **Utilisez des sources fiables :** Suivez les actualités et les analyses provenant de sources réputées comme CoinDesk, CoinTelegraph et des forums spécialisés.
- **Étudiez la concurrence :** Comparez le projet à ses concurrents pour comprendre son positionnement unique et ses avantages compétitifs.

2. Investir Plus que ce que l'on Peut Se Permettre de Perdre

Erreur Courante : Certains investisseurs, attirés par la promesse de rendements élevés, investissent des sommes d'argent qu'ils ne peuvent pas se permettre de perdre. Cela peut mener à des situations financières stressantes et à des décisions impulsives en période de volatilité.

Comment l'Éviter :

- **Définissez un budget d'investissement :** Investissez uniquement l'argent dont vous pouvez vous passer sans compromettre votre stabilité financière.
- **Diversifiez vos investissements :** Ne mettez pas tous vos fonds dans une seule cryptomonnaie ou un seul projet. Diversifiez votre portefeuille pour répartir les risques.
- **Adoptez une approche à long terme :** Soyez patient et ne vous laissez pas influencer par les fluctuations à court terme. Une approche à long terme peut aider à lisser les turbulences du marché.

3. Manque de Sécurité

Erreur Courante : La sécurité est souvent négligée par les nouveaux investisseurs. Utiliser des exchanges non sécurisés, stocker des cryptomonnaies sur des plateformes en ligne sans mesures de sécurité adéquates, ou ne pas utiliser de double authentification sont des erreurs fréquentes qui peuvent conduire à la perte de fonds.

Comment l'Éviter :

- **Utilisez des wallets sécurisés :** Privilégiez les hardware wallets (portefeuilles matériels) pour stocker vos cryptomonnaies en toute sécurité.
- **Activez l'authentification à deux facteurs (2FA) :** Ajoutez une couche supplémentaire de sécurité à vos comptes sur les exchanges et autres plateformes.
- **Sécurisez vos clés privées :** Ne partagez jamais vos clés privées et assurez-vous qu'elles sont stockées en lieu sûr et hors ligne.

4. Ignorer les Implications Fiscales

Erreur Courante : Certains investisseurs ignorent les implications fiscales de leurs transactions en cryptomonnaies, ce qui peut entraîner des amendes et des problèmes juridiques.

Comment l'Éviter :

- **Informez-vous sur la fiscalité :** Comprenez les lois fiscales concernant les cryptomonnaies dans votre pays. En France, par exemple, les gains en cryptomonnaies sont soumis à un taux forfaitaire unique de 30%.

- **Tenez des registres détaillés :** Conservez des traces de toutes vos transactions, y compris les achats, les ventes et les échanges de cryptomonnaies.
- **Consultez un expert fiscal :** Si nécessaire, faites appel à un conseiller fiscal spécialisé en cryptomonnaies pour vous assurer que vous respectez toutes les obligations fiscales.

5. Ne Pas Avoir de Stratégie d'Investissement

Erreur Courante : Investir sans une stratégie claire peut conduire à des décisions impulsives et à des pertes. Les investisseurs qui n'ont pas de plan d'action spécifique peuvent se retrouver à acheter haut et vendre bas.

Comment l'Éviter :

- **Élaborez un plan d'investissement :** Définissez vos objectifs financiers, votre tolérance au risque, et votre horizon de temps.
- **Suivez une stratégie définie :** Que vous choisissiez le day trading, le swing trading, le HODL ou le yield farming, assurez-vous de suivre une stratégie bien définie et de ne pas dévier en raison des émotions du marché.
- **Réévaluez régulièrement votre portefeuille :** Faites des ajustements en fonction des performances de vos investissements et des changements du marché.

6. Surévaluer sa Tolérance au Risque

Erreur Courante : Certains investisseurs pensent pouvoir supporter une volatilité élevée et des pertes potentielles, mais réalisent qu'ils ne sont pas aussi tolérants au risque qu'ils le croyaient lorsque les marchés chutent.

Comment l'Éviter :

- **Évaluez honnêtement votre tolérance au risque :** Avant d'investir, réfléchissez à votre capacité à gérer les pertes et à votre confort face à la volatilité.
- **Commencez petit :** Si vous êtes nouveau dans les cryptomonnaies, commencez par investir de petites sommes pour tester votre tolérance au risque.
- **Diversifiez :** Réduisez votre risque en diversifiant vos investissements entre différentes classes d'actifs et types de cryptomonnaies.

Conclusion

Éviter ces erreurs courantes peut améliorer considérablement vos chances de succès en tant qu'investisseur en cryptomonnaies. En faisant preuve de diligence, en sécurisant vos actifs, en comprenant les implications fiscales, et en suivant une stratégie bien définie, vous serez mieux préparé à naviguer dans le monde complexe et volatil des cryptomonnaies. En apprenant des erreurs des autres et en appliquant ces meilleures pratiques, vous pouvez optimiser vos investissements et minimiser les risques. Restez informé, prudent et stratégique pour tirer le meilleur parti de vos investissements en cryptomonnaies.

Conclusion

Récapitulatif des Meilleures Pratiques

Investir dans les cryptomonnaies peut sembler un voyage complexe et périlleux, mais en adoptant les meilleures pratiques, vous pouvez naviguer ce terrain avec une confiance accrue et une plus grande probabilité de succès. Après avoir exploré les différentes facettes de l'investissement en cryptomonnaies, des aspects juridiques aux stratégies d'investissement en passant par la sécurité et l'optimisation fiscale, il est temps de récapituler les points clés qui vous aideront à maximiser vos gains et à minimiser les risques. Dans cette section, nous allons synthétiser les conseils essentiels et les pratiques éprouvées pour vous offrir un guide clair et concis des meilleures pratiques en matière d'investissement en cryptomonnaies. Préparez-vous à renforcer votre arsenal d'investisseur avec des stratégies et des méthodes qui ont fait leurs preuves dans cet univers dynamique et en constante évolution.

Points Clés pour Réussir son Investissement en Cryptomonnaie

Investir dans les cryptomonnaies nécessite une approche réfléchie et stratégique pour naviguer dans cet environnement volatile et complexe. Voici les points clés pour réussir vos investissements en cryptomonnaies, basés sur les meilleures pratiques et les conseils explorés dans les sections précédentes.

1. Faire des Recherches Approfondies

Manque de Recherche : Ne vous lancez jamais dans un investissement sans une recherche approfondie. Le manque de diligence peut vous amener à investir dans des projets peu fiables ou surévalués.

Actions à Prendre :

- **Lire le Whitepaper :** Analysez en détail le document fondateur de chaque projet pour comprendre ses objectifs, sa technologie, et son équipe.
- **Étudier l'Équipe :** Vérifiez les antécédents et l'expertise des membres de l'équipe. Une équipe solide est souvent un indicateur de la crédibilité du projet.

- **Analyser la Concurrence :** Comparez le projet avec ses concurrents pour évaluer ses avantages compétitifs et ses chances de succès.

2. Définir une Stratégie d'Investissement

Ne Pas Avoir de Stratégie : Investir sans une stratégie claire peut conduire à des décisions impulsives et à des pertes.

Actions à Prendre :

- **Fixer des Objectifs Financiers :** Déterminez ce que vous espérez atteindre avec vos investissements (croissance à long terme, revenus passifs, etc.).
- **Évaluer Votre Tolérance au Risque :** Soyez honnête sur votre capacité à gérer les pertes et la volatilité.
- **Choisir une Approche :** Décidez si vous préférez le day trading, le swing trading, le HODL (Hold On for Dear Life), ou le yield farming, et respectez cette stratégie.

3. Diversifier Vos Investissements

Investir Plus que ce que l'on Peut Se Permettre de Perdre : Ne mettez pas tous vos œufs dans le même panier. La diversification est essentielle pour répartir les risques.

Actions à Prendre :

- **Portefeuille Diversifié :** Investissez dans une variété de cryptomonnaies, y compris des actifs majeurs comme Bitcoin (BTC) et Ethereum (ETH), ainsi que des altcoins prometteurs.
- **Diversification Horizontale et Verticale :** Diversifiez non seulement entre différentes cryptomonnaies, mais aussi entre différents secteurs (DeFi, NFT, etc.).

4. Sécuriser Vos Actifs

Manque de Sécurité : Négliger la sécurité peut entraîner la perte de vos actifs.

Actions à Prendre :

- **Utiliser des Wallets Sécurisés :** Privilégiez les hardware wallets pour une sécurité maximale.
- **Activer l'Authentification à Deux Facteurs (2FA) :** Protégez vos comptes sur les exchanges et autres plateformes avec une double couche de sécurité.
- **Conserver Vos Clés Privées :** Ne partagez jamais vos clés privées et stockez-les en lieu sûr et hors ligne.

5. Comprendre et Gérer les Implications Fiscales

Ignorer les Implications Fiscales : Les implications fiscales des transactions en cryptomonnaies peuvent être complexes et varient d'un pays à l'autre.

Actions à Prendre :

- **Se Tenir Informé des Régulations :** Comprenez les lois fiscales de votre pays concernant les gains en cryptomonnaies. En France, les gains sont soumis à un taux forfaitaire unique de 30%.
- **Tenir des Registres Détaillés :** Conservez des traces de toutes vos transactions pour faciliter la déclaration fiscale.
- **Consulter un Expert Fiscal :** Si nécessaire, faites appel à un conseiller fiscal spécialisé pour vous assurer de respecter toutes les obligations fiscales et optimiser votre situation.

6. Adopter une Approche Long Terme ou Court Terme

Surévaluer sa Tolérance au Risque : Beaucoup d'investisseurs pensent pouvoir gérer une forte volatilité, mais découvrent souvent le contraire en période de chute des marchés.

Actions à Prendre :

- **Approche Long Terme :** Si vous êtes prêt à "HODL", concentrez-vous sur des cryptomonnaies solides avec un potentiel à long terme. Comprenez les cycles cryptos pour maximiser vos gains.
- **Approche Court Terme :** Si vous préférez le trading actif, assurez-vous de maîtriser l'analyse technique et de consacrer le temps nécessaire à l'étude du marché. Soyez conscient des risques élevés et des connaissances macroéconomiques nécessaires.

7. Utiliser les Outils et Plateformes de Suivi

Suivi des Prix et Analyses : Ne pas utiliser les bons outils peut vous désavantager dans vos décisions d'investissement.

Actions à Prendre :

- **Applications de Suivi :** Utilisez des applications comme CoinMarketCap, TradingView, et Finary pour suivre les prix et analyser les tendances.

- **Outils d'Analyse Technique et Fondamentale :** Utilisez des plateformes comme TradingView pour l'analyse technique et Messari ou DeFi Llama pour l'analyse fondamentale.

Conclusion

Réussir son investissement en cryptomonnaies requiert une approche méthodique et bien informée. En faisant des recherches approfondies, en définissant une stratégie claire, en diversifiant vos investissements, en sécurisant vos actifs, en comprenant les implications fiscales, en choisissant une approche d'investissement adaptée et en utilisant les bons outils, vous pouvez maximiser vos chances de succès et minimiser les risques. En intégrant ces meilleures pratiques dans votre routine d'investissement, vous serez mieux préparé à naviguer dans l'univers dynamique et souvent imprévisible des cryptomonnaies.

Prévisions et Perspectives Futures

L'univers des cryptomonnaies est en perpétuelle évolution, façonné par des innovations technologiques, des régulations en constante adaptation et des dynamiques de marché imprévisibles. Alors que de nouvelles opportunités émergent et que les projets existants se développent, il est crucial de regarder vers l'avenir pour anticiper les tendances et les évolutions potentielles. Dans cette section, nous explorerons les prévisions et perspectives futures pour les cryptomonnaies, en examinant les avancées technologiques, les changements réglementaires et les évolutions du marché. Que vous soyez un investisseur aguerri ou un nouveau venu dans l'espace crypto, comprendre les futures tendances peut vous aider à prendre des décisions éclairées et à tirer parti des opportunités à venir. Préparez-vous à plonger dans le futur des cryptomonnaies et à découvrir ce que l'avenir pourrait réserver pour cet écosystème dynamique et révolutionnaire.

Tendances Émergentes et Potentiels Développements dans le Monde des Cryptomonnaies

Le monde des cryptomonnaies évolue rapidement, avec des innovations technologiques et des tendances émergentes qui redéfinissent constamment le paysage financier. Voici quelques-unes des tendances émergentes et des développements potentiels qui pourraient façonner l'avenir des cryptomonnaies.

1. Adoption Institutionnelle

Description : L'adoption institutionnelle des cryptomonnaies a commencé à gagner du terrain, avec des entreprises et des institutions financières majeures entrant dans l'espace crypto. Cette tendance pourrait se renforcer, apportant une légitimité accrue et une plus grande liquidité au marché des cryptomonnaies.

Développements Potentiels :

- **Investissements Institutionnels :** Les fonds de pension, les compagnies d'assurance et les fonds souverains pourraient augmenter leurs allocations en cryptomonnaies.
- **Services Financiers Crypto :** Les grandes banques et les entreprises de services financiers pourraient offrir des produits et services basés sur les cryptomonnaies, tels que des comptes de dépôt en crypto, des prêts garantis par des cryptomonnaies et des produits dérivés.
- **Intégration dans les Systèmes Financiers Traditionnels :** Les cryptomonnaies pourraient être intégrées dans les systèmes financiers traditionnels, facilitant les paiements transfrontaliers et les règlements instantanés.

2. Finance Décentralisée (DeFi)

Description : La finance décentralisée (DeFi) continue de croître rapidement, offrant une alternative aux services financiers traditionnels par le biais de plateformes décentralisées qui fonctionnent sans intermédiaires.

Développements Potentiels :

- **Expansions des Cas d'Utilisation :** De nouveaux produits et services DeFi pourraient émerger, couvrant des domaines tels que l'assurance décentralisée, les prêts flash et les marchés prédictifs.
- **Interopérabilité des Protocoles :** Les protocoles DeFi pourraient devenir plus interopérables, permettant aux utilisateurs de déplacer facilement des actifs entre différentes plateformes et d'accéder à une gamme plus large de services financiers.
- **Réglementation et Conformité :** Les régulateurs pourraient introduire des cadres juridiques spécifiques pour les plateformes DeFi, apportant une plus grande sécurité et confiance aux utilisateurs.

3. Cryptomonnaies de Banques Centrales (CBDC)

Description : Les banques centrales du monde entier explorent et développent des cryptomonnaies de banque centrale (CBDC) pour moderniser les systèmes de paiement nationaux et internationaux.

Développements Potentiels :

- **Lancement de CBDC :** Plusieurs pays pourraient lancer leurs CBDC dans les prochaines années, augmentant l'efficacité des paiements et réduisant les coûts de transaction.
- **Interopérabilité Internationale :** Les CBDC pourraient être conçues pour être interopérables, facilitant les paiements transfrontaliers et améliorant la fluidité du commerce international.
- **Impact sur les Cryptomonnaies Privées :** L'émergence des CBDC pourrait influencer l'adoption et la régulation des cryptomonnaies privées, créant à la fois des opportunités et des défis pour le secteur privé.

4. Améliorations de la Scalabilité

Description : La scalabilité reste un défi majeur pour les réseaux blockchain, mais de nouvelles solutions technologiques sont en cours de développement pour améliorer les performances et réduire les coûts de transaction.

Développements Potentiels :

- **Layer 2 Solutions :** Les solutions de deuxième couche, comme les réseaux Lightning pour Bitcoin et les rollups pour Ethereum, pourraient améliorer la vitesse et réduire les frais de transaction, rendant les blockchains plus utilisables pour les applications grand public.
- **Protocole de Sharding :** Les technologies de sharding, où une blockchain est divisée en fragments qui traitent les transactions en parallèle, pourraient augmenter considérablement la capacité des réseaux.
- **Mises à Jour Protocolaires :** Les mises à jour des protocoles existants, comme Ethereum 2.0, pourraient résoudre les problèmes de scalabilité et améliorer l'efficacité énergétique.

5. Adoption des NFT (Tokens Non Fongibles)

Description : Les tokens non fongibles (NFT) ont explosé en popularité, permettant la tokenisation et la propriété numérique unique d'œuvres d'art, de biens virtuels et d'autres actifs numériques.

Développements Potentiels :

- **Expansions des Cas d'Utilisation :** Les NFT pourraient s'étendre à de nouveaux domaines, tels que l'immobilier, la propriété intellectuelle et les certificats numériques.
- **Marchés NFT :** Les plateformes de marché pour les NFT pourraient devenir plus sophistiquées, offrant de meilleures expériences utilisateur, des outils de

vérification de l'authenticité et des fonctionnalités de gestion des droits numériques.
- **Intégration avec le Métavers :** Les NFT pourraient jouer un rôle central dans le développement des métavers, créant des économies numériques où les utilisateurs peuvent posséder, échanger et monétiser des biens virtuels.

6. Intelligence Artificielle (IA) et Cryptomonnaies

Description : L'intelligence artificielle (IA) est en train de transformer divers secteurs, et les cryptomonnaies ne font pas exception. L'intégration de l'IA dans l'écosystème crypto peut améliorer l'efficacité des transactions, la sécurité et l'expérience utilisateur.

Développements Potentiels :

- **Trading Algorithmique :** L'IA peut être utilisée pour développer des algorithmes de trading avancés capables de prédire les mouvements du marché et d'exécuter des transactions en temps réel, augmentant ainsi les rendements pour les traders.
- **Sécurité et Détection de Fraude :** Les systèmes d'IA peuvent analyser des volumes massifs de données transactionnelles pour détecter des schémas inhabituels et prévenir les fraudes.
- **Optimisation des Protocoles :** L'IA peut aider à optimiser les protocoles blockchain en améliorant la gestion des ressources, la consommation d'énergie et l'évolutivité.
- **Amélioration de l'Expérience Utilisateur :** Les chatbots et les assistants virtuels basés sur l'IA peuvent fournir un support client instantané et personnalisé sur les plateformes de cryptomonnaies, améliorant l'accessibilité et la satisfaction des utilisateurs.

7. Réglementation et Conformité

Description : La régulation des cryptomonnaies continuera d'évoluer, avec des régulateurs cherchant à protéger les investisseurs tout en soutenant l'innovation.

Développements Potentiels :

- **Cadres Juridiques Clairs :** Les régulateurs pourraient établir des cadres juridiques plus clairs et cohérents pour les cryptomonnaies, réduisant l'incertitude et favorisant une adoption plus large.
- **Réglementation des Exchanges :** Les plateformes d'échange pourraient être soumises à des réglementations plus strictes concernant la sécurité, la transparence et la protection des consommateurs.

- **Conformité AML/KYC :** Les exigences de lutte contre le blanchiment d'argent (AML) et de connaissance du client (KYC) pourraient devenir plus rigoureuses, affectant les plateformes DeFi et les exchanges décentralisés.

Conclusion

Les tendances émergentes et les développements potentiels dans le monde des cryptomonnaies indiquent un avenir riche en opportunités et en innovations. L'adoption institutionnelle, la croissance de la DeFi, le développement des CBDC, les améliorations de la scalabilité, l'essor des NFT, l'intégration de l'intelligence artificielle et l'évolution de la réglementation sont autant de facteurs qui façonneront l'écosystème des cryptomonnaies. En restant informé et en s'adaptant à ces tendances, les investisseurs et les utilisateurs peuvent tirer parti des transformations en cours et participer activement à l'avenir de la finance numérique.

ANNEXES

Glossaire des Termes Courants en Cryptomonnaie

Comprendre les termes courants en cryptomonnaie est essentiel pour naviguer dans cet univers complexe et dynamique. Voici un glossaire de 85 termes importants, incluant des concepts financiers, pour vous aider à mieux comprendre le langage des cryptomonnaies.

1. **Adresse** : Une chaîne de caractères alphanumériques utilisée pour recevoir et envoyer des cryptomonnaies.
2. **Airdrop** : Distribution gratuite de tokens à des utilisateurs, souvent pour promouvoir un nouveau projet.
3. **Altcoin** : Toute cryptomonnaie autre que Bitcoin.
4. **AML (Anti-Money Laundering)** : Régulations visant à prévenir le blanchiment d'argent.
5. **API (Application Programming Interface)** : Ensemble de protocoles permettant à différents logiciels de communiquer entre eux.
6. **Arbitrage** : Stratégie consistant à tirer profit des différences de prix d'un actif sur différents marchés.
7. **ATH (All-Time High)** : Le prix le plus élevé atteint par une cryptomonnaie.
8. **Bear Market** : Marché en baisse, caractérisé par une baisse prolongée des prix.
9. **Block** : Un ensemble de transactions regroupées et vérifiées sur une blockchain.
10. **Blockchain** : Un registre décentralisé et immuable de toutes les transactions effectuées sur un réseau de cryptomonnaie.
11. **Bounty** : Récompense offerte pour des tâches spécifiques, souvent dans le cadre de projets de cryptomonnaie.
12. **Bull Market** : Marché en hausse, caractérisé par une augmentation prolongée des prix.
13. **Burning** : Processus de destruction de tokens pour réduire l'offre totale en circulation.
14. **Cold Wallet** : Portefeuille de stockage de cryptomonnaies hors ligne pour une sécurité accrue.
15. **Consensus** : Mécanisme par lequel les participants d'une blockchain s'accordent sur l'état du registre.
16. **Cross-chain** : Capacité d'une blockchain à interagir avec une autre blockchain.
17. **Cryptographie** : Technique de sécurisation des informations par le biais de codes.
18. **DAO (Decentralized Autonomous Organization)** : Organisation dirigée par des règles codées sur une blockchain sans gestion centralisée.

19. **DApp (Decentralized Application)** : Application fonctionnant sur une blockchain décentralisée.
20. **DeFi (Decentralized Finance)** : Services financiers décentralisés utilisant des smart contracts sur une blockchain.
21. **DEX (Decentralized Exchange)** : Plateforme d'échange de cryptomonnaies sans intermédiaire centralisé.
22. **Double Spending** : Tentative de dépenser la même cryptomonnaie plus d'une fois.
23. **DYOR (Do Your Own Research)** : Conseils incitant les investisseurs à faire leurs propres recherches avant d'investir.
24. **ERC-20** : Standard technique pour les tokens sur la blockchain Ethereum.
25. **Fork** : Scission d'une blockchain en deux versions distinctes, souvent en raison de désaccords au sein de la communauté.
26. **FUD (Fear, Uncertainty, Doubt)** : Propagation de peur, d'incertitude et de doute, souvent dans le but de manipuler les prix.
27. **Gas** : Frais de transaction sur la blockchain Ethereum.
28. **Genesis Block** : Premier bloc d'une blockchain.
29. **Halving** : Réduction de moitié de la récompense pour le minage de blocs, typiquement sur la blockchain Bitcoin.
30. **Hard Cap** : Limite maximale de fonds qu'un projet de cryptomonnaie souhaite lever.
31. **Hard Fork** : Modification radicale du protocole d'une blockchain entraînant une division permanente.
32. **Hash** : Résultat d'une fonction de hachage, utilisé pour sécuriser les transactions sur une blockchain.
33. **HODL** : Terme utilisé pour inciter à conserver ses cryptomonnaies à long terme plutôt que de les vendre.
34. **Hot Wallet** : Portefeuille connecté à Internet pour une accessibilité facile mais moins sécurisé que les cold wallets.
35. **ICO (Initial Coin Offering)** : Méthode de levée de fonds pour les projets de cryptomonnaie par la vente de tokens.
36. **IEO (Initial Exchange Offering)** : ICO réalisé sur une plateforme d'échange de cryptomonnaies.
37. **KYC (Know Your Customer)** : Processus de vérification de l'identité des clients pour se conformer aux régulations.
38. **Layer 2** : Solutions construites sur une blockchain existante pour améliorer la scalabilité et l'efficacité.
39. **Lightning Network** : Solution de Layer 2 pour Bitcoin permettant des transactions rapides et à faible coût.
40. **Liquidity Pool** : Réserve de cryptomonnaies bloquées dans un smart contract pour faciliter les échanges sur un DEX.
41. **Liquidity Provider** : Utilisateur qui fournit des fonds à un liquidity pool.
42. **Market Cap** : Capitalisation boursière d'une cryptomonnaie, calculée en multipliant le prix par le nombre total de tokens en circulation.

43. **Masternode** : Nœud complet sur un réseau de cryptomonnaie qui effectue des tâches spécifiques et reçoit des récompenses.
44. **Mining** : Processus de validation des transactions et de création de nouveaux blocs sur une blockchain.
45. **Mining Pool** : Groupe de mineurs qui partagent leurs ressources pour augmenter leurs chances de résoudre un bloc.
46. **Mnemonic Phrase** : Suite de mots utilisée pour récupérer l'accès à un portefeuille de cryptomonnaie.
47. **NFT (Non-Fungible Token)** : Token unique représentant un actif numérique ou physique.
48. **Node** : Ordinateur connecté à un réseau de blockchain qui participe à la validation et à la propagation des transactions.
49. **Oracles** : Services qui fournissent des données externes à des smart contracts sur une blockchain.
50. **Paper Wallet** : Portefeuille de cryptomonnaie imprimé sur papier pour un stockage à froid.
51. **Peer-to-Peer (P2P)** : Transactions directes entre utilisateurs sans intermédiaire.
52. **Ponzi Scheme** : Fraude d'investissement où les gains sont payés avec l'argent des nouveaux investisseurs.
53. **Private Key** : Clé cryptographique secrète utilisée pour signer des transactions et accéder à des cryptomonnaies.
54. **Proof of Stake (PoS)** : Mécanisme de consensus où les validateurs sont choisis en fonction de la quantité de cryptomonnaies qu'ils détiennent et sont prêts à "staker".
55. **Proof of Work (PoW)** : Mécanisme de consensus où les mineurs résolvent des puzzles cryptographiques pour valider les transactions.
56. **Pump and Dump** : Manipulation du marché où le prix d'une cryptomonnaie est artificiellement augmenté puis vendu massivement.
57. **Public Key** : Clé cryptographique publique utilisée pour recevoir des transactions.
58. **REKT** : Argot signifiant "ruiné" ou "perdu beaucoup d'argent", souvent utilisé dans le contexte de pertes importantes en cryptomonnaies.
59. **Roadmap** : Plan de développement détaillant les étapes futures d'un projet de cryptomonnaie.
60. **Rug Pull** : Type d'escroquerie où les développeurs abandonnent un projet et disparaissent avec les fonds des investisseurs.
61. **Satoshi** : La plus petite unité de Bitcoin, équivalente à 0,00000001 BTC.
62. **Satoshi Nakamoto** : Pseudonyme de l'inventeur anonyme de Bitcoin.
63. **Scalabilité** : Capacité d'un réseau blockchain à gérer un nombre croissant de transactions de manière efficace.
64. **Seed Phrase** : Suite de mots utilisée pour récupérer un portefeuille de cryptomonnaie.
65. **Sharding** : Technique de partitionnement d'une blockchain pour améliorer sa scalabilité.

66. **Smart Contract** : Programme auto-exécutant sur une blockchain qui s'exécute lorsque des conditions prédéfinies sont remplies.
67. **Soft Cap** : Montant minimal de fonds qu'un projet de cryptomonnaie souhaite lever.
68. **Soft Fork** : Modification du protocole d'une blockchain qui reste compatible avec les versions antérieures.
69. **Stablecoin** : Cryptomonnaie conçue pour avoir une valeur stable, souvent adossée à une monnaie fiat ou un actif.
70. **Staking** : Processus de verrouillage de cryptomonnaies pour soutenir les opérations d'un réseau blockchain et recevoir des récompenses.
71. **Testnet** : Version de test d'une blockchain utilisée par les développeurs pour tester des fonctionnalités avant le déploiement sur le mainnet.
72. **Token** : Actif numérique émis sur une blockchain, représentant souvent un droit ou une participation dans un projet.
73. **Tokenomics** : Étude de l'économie des tokens, y compris leur création, distribution et mécanismes d'incitation.
74. **Total Supply** : Nombre total de tokens qui existeront jamais pour une cryptomonnaie donnée.
75. **Transaction Fee** : Frais payés pour valider une transaction sur une blockchain.
76. **Turing Complete** : Propriété d'un système capable de simuler tout calcul possible, comme les smart contracts sur Ethereum.
77. **Utility Token** : Token utilisé pour accéder à un service ou une application sur une plateforme blockchain.
78. **Validator** : Participant d'un réseau PoS qui valide les transactions et crée de nouveaux blocs.
79. **Volatilité** : Mesure de la fluctuation des prix d'un actif.
80. **Wallet** : Logiciel ou dispositif matériel utilisé pour stocker, envoyer et recevoir des cryptomonnaies.
81. **Wash Trading** : Pratique illégale consistant à acheter et vendre simultanément le même actif pour manipuler le marché.
82. **Web3** : Vision d'un internet décentralisé utilisant la blockchain et les smart contracts.
83. **Whale** : Individu ou entité détenant une grande quantité de cryptomonnaies et ayant une influence significative sur le marché.
84. **Whitepaper** : Document technique détaillant les caractéristiques, les objectifs et la technologie d'un projet de cryptomonnaie.
85. **Yield Farming** : Stratégie consistant à prêter ou à fournir des liquidités pour obtenir des récompenses sous forme de tokens.

Livres, Sites Web, Forums et Communautés pour Aller Plus Loin

Pour approfondir vos connaissances en cryptomonnaies et blockchain, il est essentiel de se tourner vers des ressources de qualité. Voici une sélection de livres, sites web, forums et communautés qui vous aideront à devenir un expert dans le domaine des cryptomonnaies.

Livres

1. "Mastering Bitcoin" par Andreas M. Antonopoulos

- Ce livre est une référence incontournable pour comprendre le fonctionnement de Bitcoin. Il couvre les aspects techniques et pratiques de Bitcoin et de la blockchain.

2. "The Bitcoin Standard" par Saifedean Ammous

- Un ouvrage qui explore l'histoire de l'argent et comment Bitcoin pourrait représenter une alternative durable aux systèmes monétaires traditionnels.

3. "Blockchain Basics: A Non-Technical Introduction in 25 Steps" par Daniel Drescher

- Ce livre propose une introduction claire et progressive à la technologie blockchain sans nécessiter de connaissances techniques préalables.

4. "Cryptocurrency: How Bitcoin and Digital Money are Challenging the Global Economic Order" par Paul Vigna et Michael J. Casey

- Une analyse approfondie des implications économiques et sociales des cryptomonnaies et de la blockchain.

5. "Mastering Ethereum" par Andreas M. Antonopoulos et Gavin Wood

- Un guide complet sur Ethereum, ses smart contracts et son écosystème décentralisé, écrit par des experts du domaine.

Sites Web

1. CoinDesk (www.coindesk.com)

- Un des principaux sites d'actualités sur les cryptomonnaies et la blockchain, offrant des analyses, des rapports et des mises à jour en temps réel.

2. CoinTelegraph (www.cointelegraph.com)

- Une autre source majeure d'actualités et d'analyses, couvrant un large éventail de sujets liés aux cryptomonnaies.

3. CoinMarketCap (www.coinmarketcap.com)

- Un site essentiel pour suivre les prix, les capitalisations boursières et les volumes de trading des cryptomonnaies.

4. DeFi Pulse (www.defipulse.com)

- Un site de référence pour suivre les projets de finance décentralisée (DeFi), y compris les classements et les analyses des protocoles DeFi.

5. Messari (www.messari.io)

- Fournit des recherches approfondies, des analyses de marché et des données sur les cryptomonnaies et les projets blockchain.

Forums et Communautés

1. Reddit (www.reddit.com)

- **r/Bitcoin** : Communauté dédiée à Bitcoin, discutant des nouvelles, des technologies et des tendances.
- **r/Ethereum** : Discussions sur Ethereum, les smart contracts et les projets basés sur Ethereum.
- **r/CryptoCurrency** : Un forum généraliste sur les cryptomonnaies, couvrant un large éventail de sujets.

2. BitcoinTalk (www.bitcointalk.org)

- Le plus ancien forum sur les cryptomonnaies, fondé par Satoshi Nakamoto. Il est une mine d'informations sur Bitcoin et de nombreux autres projets cryptographiques.

3. Stack Exchange (crypto.stackexchange.com)

- Un site de questions-réponses pour les développeurs et les utilisateurs avancés de cryptomonnaies, offrant des discussions techniques approfondies.

4. Telegram

- De nombreux projets de cryptomonnaies et communautés ont des groupes Telegram actifs pour discuter des développements, poser des questions et interagir directement avec les équipes de projet.
- **Exemples :** "DeFi Discussions", "Ethereum France", "Crypto Traders Pro"

5. Discord

- Plusieurs communautés de cryptomonnaies utilisent Discord pour des discussions en temps réel, des annonces et des événements.
- **Exemples :** Serveurs Discord de projets spécifiques comme "Chainlink", "Polkadot", "Avalanche"

Autres Ressources

1. Podcasts

- **"The Pomp Podcast" par Anthony Pompliano** : Des interviews avec des leaders de l'industrie des cryptomonnaies.
- **"Unchained" par Laura Shin** : Des discussions approfondies sur les dernières nouvelles et tendances dans l'espace crypto.

2. YouTube

- **"Andreas M. Antonopoulos"** : Chaîne éducative couvrant un large éventail de sujets liés à Bitcoin et à la blockchain.
- **"DataDash"** : Analyses de marché et conseils d'investissement pour les cryptomonnaies.
- **"Hasheur"** : Chaîne francophone sur les cryptomonnaies, offrant des explications et des analyses de marché.

Conclusion

Pour maîtriser l'univers des cryptomonnaies, il est crucial de s'informer continuellement et de diversifier ses sources d'apprentissage. Les livres, sites web, forums et communautés mentionnés ci-dessus constituent un excellent point de départ pour approfondir vos connaissances et rester à jour avec les dernières tendances et développements dans ce domaine en constante évolution. En exploitant ces ressources, vous pouvez améliorer votre compréhension et devenir un investisseur ou un utilisateur plus avisé et mieux informé.

www.ingramcontent.com/pod-product-compliance
Lightning Source LLC
Chambersburg PA
CBHW062107220526
45471CB00010B/3630